FAHRRADHEILKUNDE

DAS REPARATUR-HANDBUCH

Ulrich Herzog

FAHRRAD HEILKUNDE

Moby Dick Verlag

Allen, die zum Gelingen des Buches beigetragen haben, sei herzlich gedankt - besonders Jasmin Patel. Sie hat den Beweis geliefert, daß technische Zeichnungen exakt und charmant zugleich sein können.

Aufgepaßt: Heute ist morgen schon gestern - für die Gültigkeit der technischen Angaben wird deshalb keine Gewähr übernommen.

Die Deutsche Bibliothek - CIP Einheitsaufnahme

Herzog, Ulrich:
Fahrradheilkunde : Das Reparatur-Handbuch /
Ulrich Herzog. - 19. Aufl. - Kiel :
Moby Dick Verlag, 1996
ISBN 3-89595-018-1

19. Auflage
ISBN 3-89595-018-1

Umschlag: Buchholz/Hinsch/Hensinger, Hamburg
Gestaltung: Arnd Bentlin
Zeichnungen: Jasmin Patel
Herstellung: WDA Grafischer Betrieb Brodersdorf
Printed in Germany 1996

Inhalt

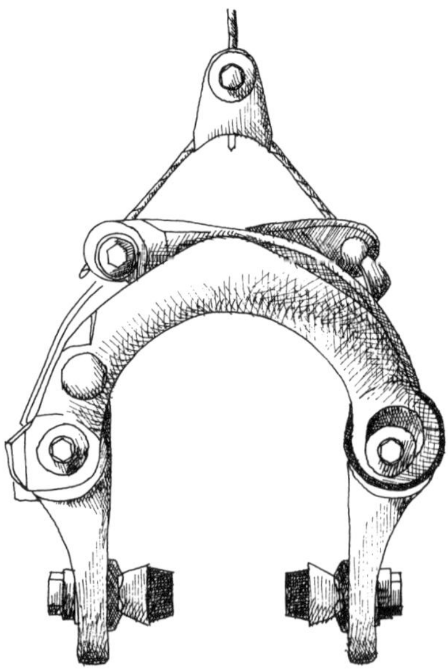

Fahrrad oder Stehrad?

In Deutschland gibt es -zig Millionen Fahrräder, damit ist das Velociped nach dem menschlichen Fuß das volkstümlichste Transportmittel.

Wenn Sie meinen, ein Fahrrad sei heutzutage teuer, so ist das richtig. Es stimmt aber auch, daß ein Preis von 700 bis 1.000 DM durchaus angemessen ist. Wer jammert, daß Omas schwarzes Tourenrad damals nur 100 Mark gekostet hat, sollte daran denken, daß ein Mercedes heute auch nicht mehr für viertausend Mark zu haben ist.

Als besonders kostspielig erweisen sich paradoxerweise die Billigräder vom Typ Kaufhaus-Schnäppchen; etwa das berühmte Mountain Bike für DM 345. Der Kauf eines solchen Velos ist teuer, also einfach ein schlechtes Geschäft: Man hat für 345 DM Schrott erworben, ohne jedoch Schrottsammler oder gar -händler zu sein. Solch ein Fahrzeug ist in Wirklichkeit ein Stehzeug. Und dann? Das Kaufhaus, wo man Sie damit übers Ohr gehauen hat, besitzt keine Reparaturwerkstatt. Sie gehen zum Fahrradladen. Der Meister ist ganz hingerissen, daß Sie woanders gekauft haben, ihn aber mit der Abwicklung des Desasters betrauen. Sie wiederum freuen sich unbändig über die Rechnung („dafür kann ich mir gleich ein Zweitrad kaufen..."). Kurzum, vom ungetrübten Velospaß können Sie sich genauso schnell verabschieden wie die Muttern von den Hinterrädern.

Entweder machen Sie jetzt dieses Buch zu Ihrem Begleiter und eröffnen selbst eine gutorganisierte kleine Fahrradklinik, oder Sie lassen sich das Schrottrad klauen - womit der Dieb, ohne es allerdings gleich zu bemerken, Schuld und Sühne vollzieht. Anschließend spendieren Sie sich ein richtiges und kein nachgemachtes Fahrrad.

Je klarer Sie beschreiben können, wozu Sie das Velo brauchen, desto gezielter können Sie einkaufen und desto größer wird der Spaß sein. Regelrechte Allzweckräder gibt es nicht. Hol-landräder sind stark, aber schwer. Rennräder verleiten zum Flitzen, aber nicht zum Einkaufsbummel. Mountain Bikes sind Geländeräder, deren Vorzüge im Flachland nicht zum Tragen kommen. Hybridräder (Trekkingbikes) zeigen sich relativ vielseitig, eignen sich aber kaum als Sportmaschinen. Und so weiter...

Wichtig ist, daß die Größe stimmt. Einen groben Anhaltswert für die richtige Rahmenhöhe gibt die folgende Übersicht. Gemessen wird von der Mitte des Tretlagers bis zur Oberkante der Sattelmuffe.

High-Tech um 1860: die Michauline

Körpergröße	Rahmenhöhe
160-165 cm	51-53 cm
165-170 cm	53-55 cm
170-175 cm	55-57 cm
175-180 cm	57-59 cm
180-185 cm	59-61 cm

Wie Sie das Fahrrad testen

1. Es sollte die jeweils größtmöglichsten Räder (Laufräder) haben. Je kleiner die Räder, desto mehr werden die Unebenheiten des Bodens übertragen, desto mehr Kraft ist notwendig zur Fortbewegung.

2. Ist der Rahmen nicht zu hoch? Im Sattel sitzend, müssen Sie mit den Füßen den Boden berühren können.

3. Rütteln und schütteln: Klappert es irgendwo?

4. Bremsen anziehen und versuchen, das Rad anzuschieben: Rad muß festgebremst werden können, ohne daß die Bremsen deutlich ihren Sitz verändern. Bremsgriffe müssen gut erreichbar sein.

5. Speichen mit einer Hand greifen und zusammendrücken. Wenn sie deutlich nachgeben, ist das Rad nicht ordentlich eingespeicht.

6. Sattelkanten scharf oder abstehend? Lassen Sie ein anderes Modell montieren.

7. Scharfe Kanten an Schutzblech, Kettenschutz, Bremsgriffen, Gepäckträger usw.? Dann wurde wahrscheinlich auch noch woanders bei der Qualität gespart.

8. Scheuen Sie sich nicht, minderwertige Teile durch andere auswechseln zu lassen. Dafür ist allerdings meist ein Aufpreis zu zahlen; gelegentlich läßt sich handeln (wozu heißen die sonst Händler?)

9. Fahrräder mit einem runden „DIN“-Aufkleber entsprechen der Sicherheitsvorschrift DIN 79100 - immerhin etwas.

10. Thema Gangschaltung: Nabenschaltungen (von Sachs, Sturmey Archer oder Shimano) brauchen kaum Wartung, sind einfach zu bedienen und mittlerweile als Drei-, Fünf- oder Siebengangschaltungen erhältlich. Kettenschaltungen sind im Laufe der Jahre ebenfalls bedienungsfreundlich geworden; sie bieten bis zu 24 Gängen. Die Frage ist, ob man so viele Übersetzungen auch nutzt.

Was hält das Rad zusammen?

Der größte Teil der Fahrrad-Chirurgie besteht bekanntlich darin, Teile auseinanderzukriegen, die fest zusammenhängen; und lose Einzelteile wieder zu befestigen. An Ihrem Rad werden Sie etwa sechs bis acht verschiedene Verbindungstechniken vorfinden.

Löt- und Schweißverbindungen
halten die Rahmenrohre zusammen und fixieren kleinere Teile unlösbar am Rahmen. Die Metallteile werden entweder durch eine schmelzende Speziallegierung (das Lot) fest miteinander verbunden (Löten) oder aber so hoch erhitzt, daß sie an der Nahtstelle selbst miteinander verschmelzen (Schweißen).

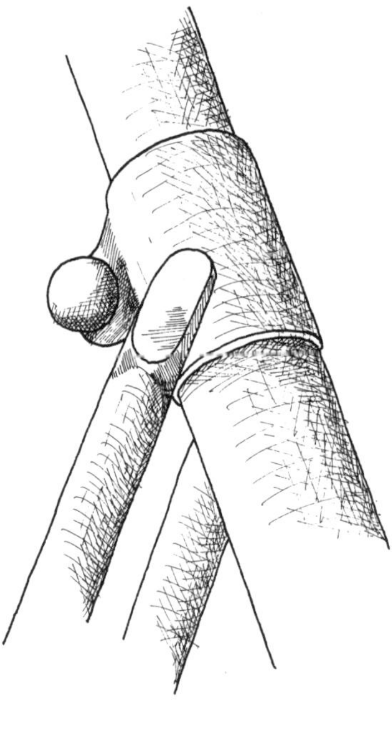

Die Streben des Hinterbaus sind an der Sattelrohrmuffe verlötet

Bei den meisten Rädern sind die Rahmenrohre durch Muffen miteinander verbunden. Das sind Rohrabschnitte größeren Durchmessers, in die die Rahmenrohre paßgenau eingesteckt und verlötet sind. Muffenlose Rahmen, in den letzten Jahren recht häufig geworden, sind genauso haltbar.

Schraubverbindungen
treten am Fahrrad immer als eine Kombination zweier Gewinde auf, etwa als Schraube mit Mutter. Ein Gewinde ist dabei als Außengewinde ausgeformt und eines als Innengewinde.

Zwei verschiedene Gewindenormen sind für uns wichtig, nämlich Normalgewinde (alle möglichen Befestigungsschrauben) und Feingewinde (zum Beispiel Achsen). Das fällt

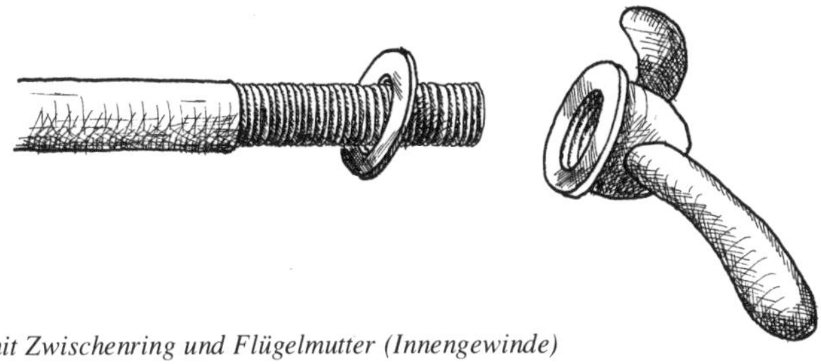

Achse (Außengewinde) mit Zwischenring und Flügelmutter (Innengewinde)

einem meistens erst ein, wenn man eine Viertelstunde vergeblich versucht hat, eine normale Maschinenmutter auf die Fahrradachse zu schrauben.

Die meisten Schrauben haben ein Rechtsgewinde, nach links schraubt man sie ab. Die beiden am Velo vorhandenen Linksgewinde sitzen an der linken Pedale und meist rechts am Tretlager. Hier heißt es aufpassen: zum Festschrauben nach links drehen (Gegenuhrzeigersinn); zum Abschrauben dagegen nach rechts.

Schrauben haben entweder einen kräftigen sechskantigen Kopf für den Schraubenschlüssel, einen schlanken runden Kopf mit einem sechseckigen Loch darin (Inbusschraube) oder einen breiten Rundkopf mit einem Schlitz für den Schraubenzieher. Schließlich gibt es auch noch die Kreuzschlitz-Schraube. Muttern sind in der Regel sechskantig. Rändelmuttern sind geriffelt oder schraffiert; sie sollen nur von Hand angezogen werden.

Nach anhaltenden Vibrationen fangen die meisten Schrauben an, alles ganz locker zu sehen. Das macht sie unsympathisch. Wenn die Klingel unterm Daumen wegrutscht, mag's noch angehen. Fällt dagegen ein haltloser Dynamo bei voller Fahrt in die Speichen, ist Akrobatik angesagt. Die folgenden Tips könnten nützlich sein.

Links Kreuzschlitz-, rechts Inbusschraube

Schraube locker? Abhilfe

1. Zwischenring

Die erste Quizfrage bei lockergewordenen Schraubverbindungen: Ist der Zwischenring oder die Unterlegscheibe noch vorhanden? Auf den Zeichnungen im Text werden Sie von Fall zu Fall erkennen (hoffentlich), ob eine Unterlegscheibe nötig ist. Meistens ist das der Fall. Sie können sehr unterschiedlich aussehen, geschlossen oder offen (Federring), glatt, geriffelt oder gekerbt (damit sie nicht mitdrehen), blond oder braun - dem Individualismus sind keine Grenzen gesetzt. Unterlegscheiben, die nicht mitdrehen dürfen, haben gelegentlich auch eine Nase, die in einer Nut (= ausgefräste Rille) geführt wird, oder seitliche Abflachungen, die genau auf eine entsprechend geformte Achse passen. Also: Unterlegscheiben sind nützlich, besonders bei der Schutzblech- und Gepäckträgermontage.

2. Kontern

Hier werden zwei Muttern so gegeneinander festgeschraubt, daß beide sich nicht mehr bewegen können (und wie man es in der Praxis macht, steht im Kapitel „Kugellager“).

3. Selbstsichernde Muttern

Man bekommt sie in gutsortierten Eisenwarenläden. Sie geben sich durch einen farbigen Kunststoffring zu erkennen. Beim Aufdrehen verspürt man mehr Widerstand als bei normalen Muttern. Es sind erfreulich seßhafte Gesellen - aber nur beim erstenmal. Beim wiederholten Auf- und Abdrehen vergessen sie ihre guten Eigenschaften und werden wieder stinknormale Muttern.

4. Schraubenzement

Kleine Tube, große Wirkung: Das Zeug verbindet zuverlässig; die Schraube läßt sich aber trotzdem wieder abdrehen.

Geschraubt für alle Ewigkeit? Gegenmittel

Schrauben werden theoretisch auf dieselbe Weise und genauso leicht gelöst, wie sie aufgedreht werden. Im richtigen Leben sieht es anders aus. Da wird beschworen, geflucht, gebetet. Rostige Gewinde sind hartnäckige Gegner...

1. Prüfen

Muß die Schraube wirklich gelöst werden? Falls sie dabei zerstört wird, gibt es geeigneten Ersatz?

2. Gegenhalten
Während Sie die Mutter zu lösen versuchen, muß der Schraubenkopf mit Schraubenzieher, -schlüssel oder Zange am Mitdrehen gehindert werden. Dasselbe gilt für das Festziehen.

3. Passendes Werkzeug
Ein zu großer Schraubenschlüssel macht den Sechskant zum Rundling, einen zu dünnen Schraubenzieher verdreht man zum Korkenzieher und zerstört den Schraubenschlitz; die falsch angesetzte Zange hobelt der Mutter die Kanten ab. Wenn Sie eine Zange einsetzen, soll sie möglichst passend den Sechskant umfassen. Zangengriffe kraftvoll zusammendrücken und erst dann drehen - möglichst ohne zu wackeln. Kreuzschlitzschrauben lassen sich nur in Ausnahmefällen von einem normalen Schraubenzieher bewegen.

4. Rostlöser
Sprühen Sie auf, aber bitte mit CO^2 als Treibmittel oder mit Pump-Flasche. Rostlöser sind feine Öle mit guten Kriecheigenschaften. Sie schleichen sich ins Gewinde und machen selbst in den entferntesten Ecken noch von sich reden. Man läßt sie mindestens zehn Minuten einwirken und hat dann meistens Erfolg.

5. Abgedrehte Muttern
Auf denen fühlt sich kein Schraubenschlüssel mehr zu Hause. Sie müssen mit den scharfen Zackenbacken (Backenzacken?) der Wasserpumpenzange attackiert werden.

6. Zerstörtes Gewinde
Die Mutter kann nicht mehr abgeschraubt werden - lassen Sie die Säge sprechen.

7. Hammer
Gelegentlich läßt sich ein festgegammeltes Gewinde durch einen kräftigen Hammerschlag überzeugen - aber nie direkt auf's Gewinde schlagen!

8. Hitze
Sehr erfolgversprechend (auch bei großen bösen Gewinden) ist das Warmmachen oder Durchglühen. Nicht die Schraube oder Achse selbst erhitzen, sondern die Umgebung. Leider sieht der Lack danach aus wie eine Grillwurst.

Ehre deine Mutter - Pflege und Kosmetik
Stellt sich schließlich der Erfolg ein und Sie können die Mutter zur Trennung bewegen, beginnt der zweite Teil des Unternehmens. Angenommen, Sie wollen oder müssen die Schraube auch weiterhin benutzen, dann pflegen Sie sie, damit Sie es in Zukunft leichter haben miteinander.

1. Gewinde reinigen
Mit Drahtbürste (oder Stahlwolle, um Rost zu entfernen) beziehungsweise mit Benzin und Zahnbürste (um Schmiere zu entfernen), danach mit Lappen trocknen. Schmiere bekommt man auch mit Öl, Petroleum oder Terpentin ab.

2. Mutter reinigen
Ein zusammengezwirbeltes Lappenende hindurchziehen und dabei drehen.

3. Gewinde schmieren
Öl oder Fett sollte sehr sparsam verwendet werden. Erstens kann es das Gewinde so leichtgängig machen, daß die Schraube sich leicht wieder losdreht. Zweitens verbündet sich überschüssiges Fett im Handumdrehen mit Staub und Schmutz. Besser ist die Trockenschmierung mit Graphit: Riffeln Sie einen weichen Bleistift auf dem Gewinde hin und her, während Sie die Schraube oder Achse drehen.

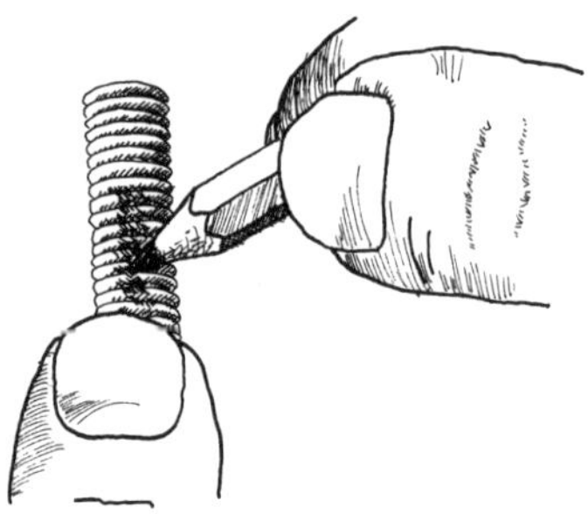

Gewindeschmierung mit weichem Bleistift

4. Probe
Die Mutter muß sich leicht von Hand aufdrehen lassen. Läßt sie sich nur mit einem Werkzeug raufwürgen, ist etwas faul:

- Gewinde ist noch nicht sauber
- Gewinde zerstört (vorsichtig mit der Dreikantfeile nachfeilen)
- Gewinde passen nicht zusammen (Normal- und Feingewinde)
- Mutter verkantet (zurück- und wieder aufdrehen)
- Sie haben versucht, ein Linksgewinde wie ein Rechtsgewinde zu behandeln

Nietverbindungen
Eine Niete ist ein Stift, der zwei oder mehr Teile miteinander verbindet, indem er an beiden Enden breitgeschlagen wird. Im Gegensatz zur menschli-

Dieses Schutzblech hat eine doppelt vernietete Halterung

chen Niete verfügt die eiserne über zwei Köpfe, die schlicht und rund sind und keinen Ansatz für irgendwelches Werkzeug bieten. Teile können starr oder beweglich vernietet sein, beide Variationen kommen auch am Rad vor: Vernietung am Schutzblech (starr) und an der Kette (beweglich). Obwohl Nieten an sich unlösbare Verbindungen darstellen, kann man auch sie überlisten - wie, steht im Kapitel „Kette“.

Verbindungen mit Sprengring

Beispiel: Der kleine Zahnkranz (Ritzel) auf dem Hinterrad wird nur auf die Nabe aufgesteckt und durch einen federnden offenen Ring gehalten. Dieser paßt genau in eine dafür vorgesehene Rille hinein. Man kann ihn mit einem Schraubenzieher heraushebeln, und dabei entwickelt er die fatale Neigung, durch die Luft zu sausen oder Sie in die Hand zu beißen. Je größer der Sprengring, desto gemeiner. Wie man zum Herrn der Ringe wird, erfahren Sie in den entsprechenden Kapiteln. Auch die Feder auf dem Kettenschloß ist übrigens nichts anderes als ein eigenwillig geformter Sprengring.

Keilverbindungen

Sie machen ab und zu arge Schwierigkeiten. Tatort sind die Tretkurbeln beziehungsweise die Tretlagerwelle. Die Keile sind in einem bestimmten Winkel angeschliffen, um die Kurbeln exakt in der vorgesehenen Lage zu halten. Nur zur Sicherung sind sie am Ende mit einem Gewinde versehen und werden durch eine Mutter gehalten (was aber nicht etwa heißt, daß man sie nach Entfernung der Mutter schon herausnehmen könnte).

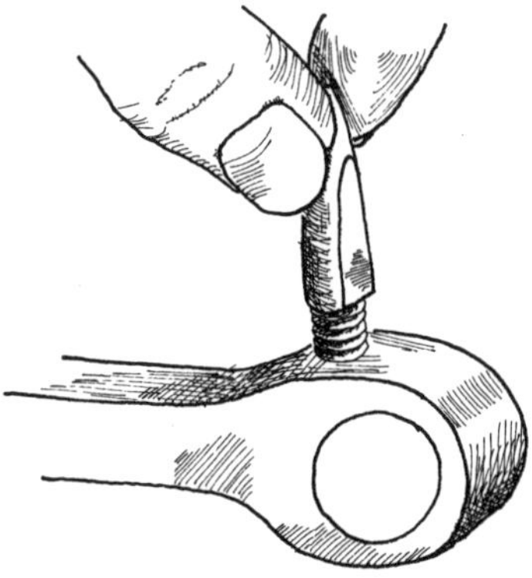

Die Tretkurbel wird mit einem einseitig angeschliffenen Keil auf der Tretlagerwelle gehalten

Werkzeug und Hilfsmittel

Das unübertroffene und geradezu klassische Fahrradwerkzeug für einfache Fahrräder ist der Universalschlüssel - ein kompakter, knochenförmiger Schraubenschlüssel für zehn verschiedene Schraubengrößen. Für eine schwere Stahlausführung muß man zwar etwas mehr ausgeben, aber es lohnt sich; das Werkzeug wird weder durchbrechen noch leiern die Sechskantlöcher aus. Den „Knochen" brauchen Sie für die meisten Reparaturarbeiten.

Um einen Schraubenzieher kommen Sie ebenfalls nicht herum. Eine kleine Ausführung genügt vollauf. Höchstens zum Abhebeln eines Sprengringes könnte man einen schlanken Schraubenzieher brauchen, aber da läßt sich auch mit einer Stricknadel oder einem Nagel improvisieren. An mehreren Stellen wird empfohlen, mit Schraubenzieher und Hammer zu arbeiten. Seien Sie sich bitte darüber im klaren, daß dabei der Schraubenzieher nur einen Ersatz für einen Meißel darstellt. Behandeln Sie ihn rücksichtsvoll, wenn Sie noch länger mit ihm zusammenarbeiten wollen.

Falls Sie nicht dauernd mit Ihrem Holzschuh klopfen wollen, ist ein Hammer schon günstig. Aber bitte ab 300 g, darunter gilt nicht.

Allgemein werden für's Rad immer Kombizangen empfohlen - davon rate ich ab. Besser ist eine Wasserpumpenzange; man benötigt sie ohnehin und sie kann fast alles, was eine Kombizange leistet. Nur nicht Drähte durchkneifen, aber das läßt sich improvisieren. Eine Greifweite von 30 Millimeter ist Mindestmaß; aber je größer die Zange, desto fester und sicherer kann man zupacken. So praktisch sie ist, so destruktiv kann sie übrigens auch wirken. Beim Abdrehen von Schrauben muß deshalb darauf geachtet werden, daß die Backen der Zange flach auf den Sechskantflächen der Schraube aufliegen.

Reifenheber sind ideal für alle Reifenarbeiten, und sie sind billig. Natürlich kann man sie durch Löffelstiele oder Schraubenzieher ersetzen, aber dabei ist schon mancher Schlauch gelöchert worden.

Zum Spannen oder Lösen der Speichennippel dient der Speichenschlüssel oder Nippelspanner. Erhältlich in schwerer und sehr guter Werkstattausführung oder klein und handlich.

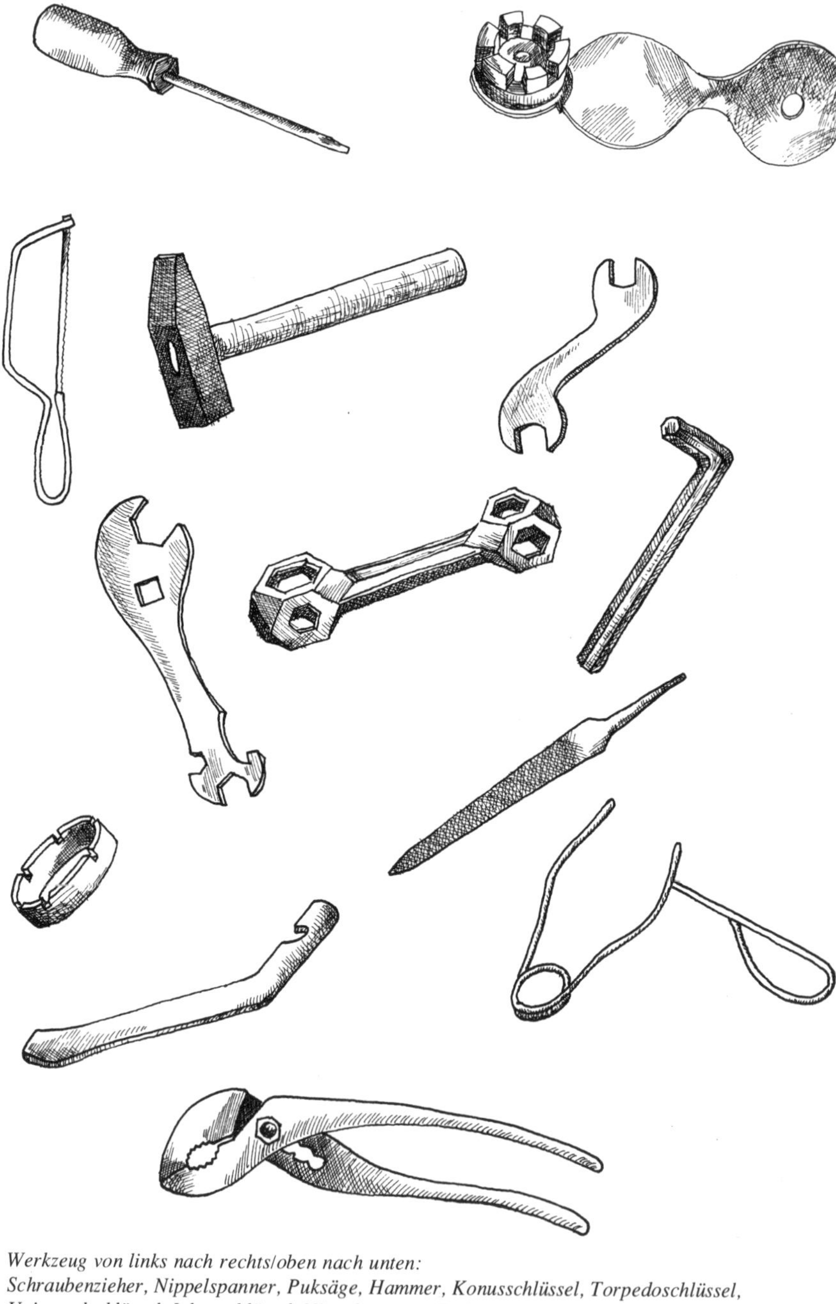

Werkzeug von links nach rechts/oben nach unten:
Schraubenzieher, Nippelspanner, Puksäge, Hammer, Konusschlüssel, Torpedoschlüssel, Universalschlüssel, Inbusschlüssel, Nippelspanner, Feile, Reifenheber, Dritte Hand, Wasserpumpenzange

Das Einstellen des Lagerspiels an Vorder- und Hinterradnabe erfordert zwei weitere Schlüssel: den Konusschlüssel und den Torpedoschlüssel. Die beiden sind nicht teuer und kaum durch anderes Werkzeug zu ersetzen. Besonders letzterer ist ein echtes Vielzweckgerät mit sechs verschiedenen Einsatzmöglichkeiten.

Eine Puksäge mit Metallsägeblatt ist genau das Richtige für hoffnungslose Fälle. Wo man sie aus Platzgründen nicht einsetzen kann, kommen Hammer und Meißel zu Wort. Es lohnt allerdings nicht unbedingt, extra dafür einen Meißel anzuschaffen.

Inbusschlüssel werden längst nicht mehr nur bei Rennrädern benötigt. Am besten gleich einen ganzen Satz anschaffen. Es gibt sehr handliche Kompaktwerkzeuge.

Bei einigen wenigen Arbeiten ist eine Feile am Platze - wählen Sie dazu eine Dreikant-Metallfeile.

Je komplizierter die Technik, desto teurer das Spezialwerkzeug. Für gute Tretlager, Antriebsräder, Steuersätze und für die Zahnkränze der Kettenschaltungen brauchen Sie unter Umständen Abzieher, Spezialschlüssel und -Zangen. Wer eine Kettenschaltung fährt, sollte einen Nietendrücker zum Öffnen der Kette haben.

Ein Hilfswerkzeug zum Bremseneinstellen, die Dritte Hand, haben die Händler meist auch nur für den eigenen Gebrauch (aber im Text wird beschrieben, wie man mit zwei Händen auskommt).

Eine Lötlampe oder ein Schweißbrenner gehört natürlich nicht zur Grundausstattung. Aber wenn Sie schon etwas Ähnliches haben, zum Beispiel einen Campingbrenner mit Gaskartusche, besorgen Sie einen Lötaufsatz dazu. Durch Warmmachen kriegt man 99 % aller festgegammelten Gewinde wieder in den Griff.

Schmiermittel

- normales Fahrradöl (sehr gut sind Markenöle wie etwa das Sturmey-Archer-Nabenöl)
- Rostlöser in Sprühdosen. Unentbehrlich im Kampf gegen verrostete Schrauben. Zur Not kann man auch Dieselöl aufpinseln

- Kugellagerfett - das Zeuge mit der irren rubinroten Farbe. Man kann allerdings genausogut weiße (technische) Vaseline verwenden.
- Graphit für Gewinde (in Pulverform oder als Bleistift)
- Talkum zur Reifenpflege (Babypuder erfüllt denselben Zweck)

Sonstiges
120er Sandpapier, Stahlwolle, Isolierband, Stoffklebeband

Lenker

„Guck mal Mami, der hat ja einen ganz krummen Rücken und haut sich immer mit den Knien unters Kinn!“ „Ja mein Herzchen, das kommt, wenn man sein Rad nicht richtig einstellt!“ Um sich beim Fahren wohlzufühlen - und Bequemlichkeit ist hier fast gleichbedeutend mit Sicherheit - genügen ein paar einfache Handgriffe, und zwar

- Sitzhöhe einstellen
- Lenker einstellen
- Griffe und Hebel funktionsgerecht anbringen

Dies sind wahrscheinlich auch die einzigen Arbeiten, die bei einer Neuanschaffung vorgenommen werden müssen. Fangen wir mit dem Lenker an. Es gibt derartig viele Modelle, und immer wieder kommen neue oder angeblich neue hinzu, daß ich keinen umfassenden Überblick geben kann. Immerhin lassen sich einige Grundtypen ausmachen:

Lenker für bequemes Fahren

Touren-, Gesundheits-, Trainings- und vergleichbare Lenker sind geschwungene Bügel, die sich den Händen sozusagen entgegenstrecken. Beim Gesundheitslenker ist der Bügel zusätzlich noch oben gebogen („gekröpft“), was zu einer aufrechten Sitzhaltung führt.

Richtig eingestellt, sorgt dieser Lenker für eine annehmbare Gewichtsverteilung und eine relativ gestreckte Wirbelsäule. Der Blick schweift frei in die Ferne, der Körper ist voll dem Fahrtwind ausgesetzt (und bekanntlich hat man beim Radfahren fast immer Gegenwind). Mit dem Gesundheitslenker fährt man nicht schnell, aber bequem. Zu hoch eingestellt („Holland-Chopper“), überläßt der Lenker die Last der Pfunde ganz und gar Ihrer Sitzfläche. Das erschwert das Pedaltreten; auf Tempo kommt man überhaupt nicht mehr. Bei bolzengeradem Rücken werden alle Erschütterungen über Steißbein und Wirbelsäule abgetragen.

Mountain-Bike-Lenker

Die mehr oder weniger geraden, ziemlich breiten Bügel sind Markenzeichen der MTBs. Sie vermitteln etwa soviel Behaglichkeit wie ein Igel in der Hosentasche. Offroad-Piloten können trotzdem nicht auf sie verzichten, denn nur mit ihrer unübertroffenen Hebelkraft läßt sich das Bike sicher durchs Gelände dirigieren.

Rennlenker

„Zu sportlich, um komfortabel zu sein", mag mancher Sonntagsradler denken. Das muß nicht sein. Zunächst reduziert der Rennbügel den Windwiderstand. Man fährt damit schneller oder kraftsparender. Ist der Rennbügel richtig justiert, sorgt er für die richtige Verteilung des Körpergewichts auf Hände und Hintern. Schließlich kann man ihn oben und unten, in der Mitte und außen, vorn und innen anfassen - praktisch überall. Damit ist dieser Lenker nicht nur für heißblütige Sportler, sondern auch für Fernfahrer ideal. Fährt man in der katzbuckligen Rennfahrerhaltung, geht der Blick naturgemäß nach unten und das Geradeausgucken strengt an. Ungeübte haben schnell einen steifen Nacken.

Gesundheitslenker,

Trainingsbügel,

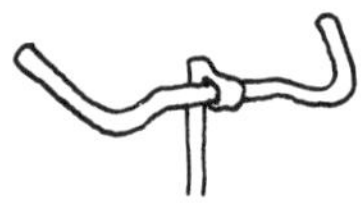

Rennlenker,

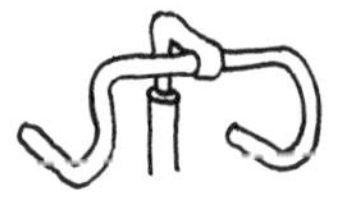

Mountain-Bike-Lenker

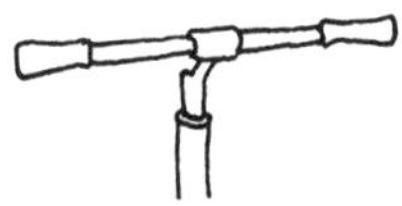

Lenkerhöhe einstellen

Schrauben- o.
Inbusschlüssel, Hammer
Zeit: 5 Min.

Der Sechskant-Kopf des Klemmbolzens sitzt oben auf dem Lenkerschaft. Das Ende dieses langen Bolzens ist in einen Konus geschraubt, das ist ein kegelförmiges Teil. Der Konus hat eine Nase, die in einem Schlitz des Lenkerschafts geführt wird. So kann er, ohne sich zu drehen, im Lenkerschaft rauf- und runtergleiten. Zieht man den Bolzen an, wird der Konus ein Stück in den Lenkerschaft hineingezogen, weitet ihn auf und klemmt ihn dadurch im Rahmenrohr fest. Aber wir wollen ihn ja lösen:

1. Klemmbolzen zwei bis drei Umdrehungen lösen
2. Durch einen kräftigen Hammerschlag auf den Bolzen wird unten der Konus aus dem Lenkerschaft getrieben. Der Lenker klemmt nicht mehr fest und kann mit drehender Bewegung herausgezogen oder hineingeschoben werden. Sollten Sie den Bolzen ganz herausgeschraubt haben, so ist bei dem Schlag der Konus in das Steuerkopfrohr gefallen: Rad umdrehen, Konus herausfallen lassen.

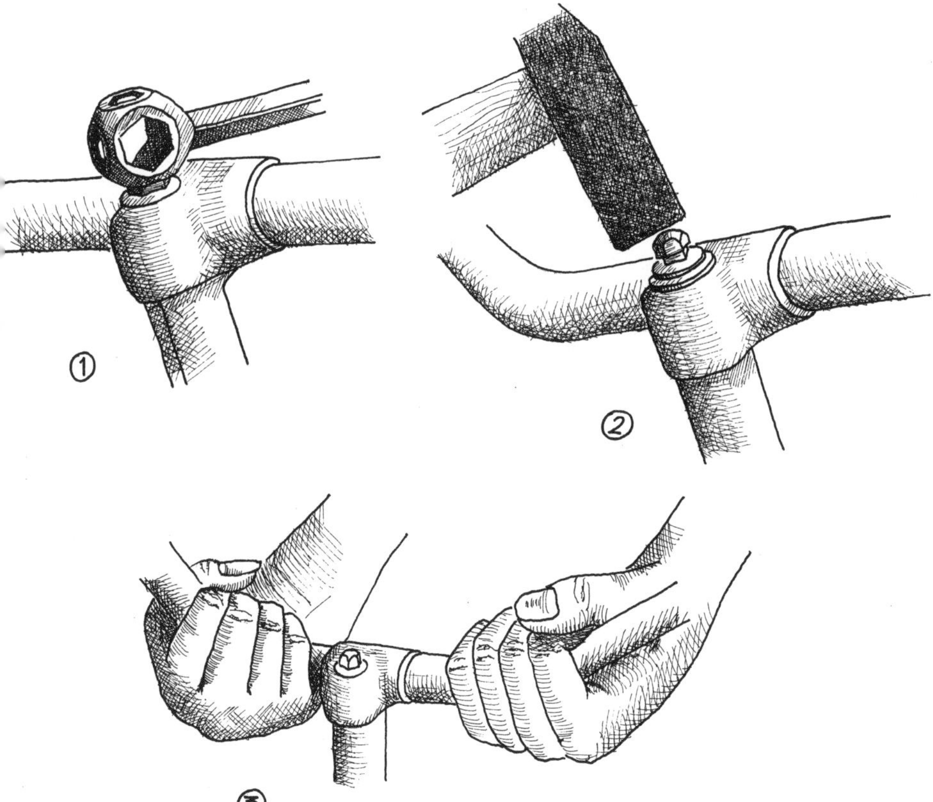

1-3: Klemmbolzen lösen, Lenker einstellen

3. Befestigen: Konus mit der Nase in den Schlitz des Lenkerschafts einführen. Bolzen nur soweit hineindrehen, daß der Konus hält. Lenker auf richtige Höhe bringen, Bolzen anziehen. WICHTIG: Lenkerschaft muß mindestens 6,5 Zentimeter tief im Rahmenrohr stecken. Wenn das für Sie zu niedrig ist, brauchen Sie einen längeren Lenkerschaft.

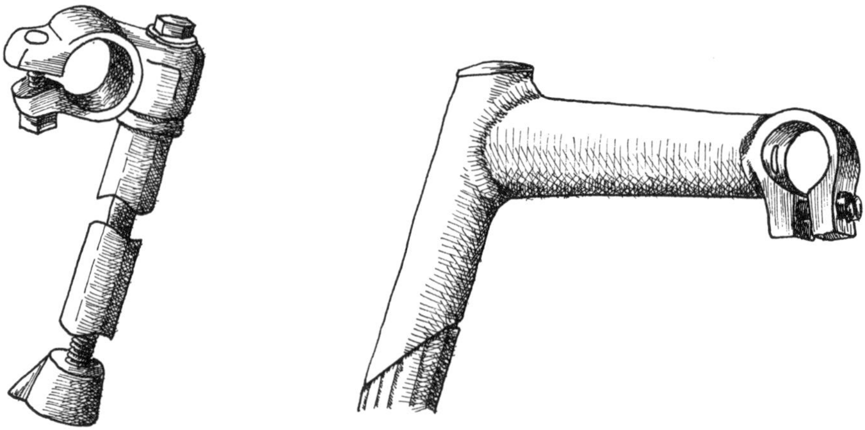

Links: Klemmkonus mit Sechskantbolzen
Rechts: Schrägstück mit Inbusbolzen

Der Klemmkonus mit Sechskantbolzen gehört zwar noch nicht zu den Fossilien, ist aber schon antiquiert. Stattdessen werden zunehmend Inbusschrauben verwendet. Sie liegen nicht auf der Lenkermanschette auf, sondern sind in die Oberfläche eingelassen. Diese Lösung ist sicherer und eleganter. An die Stelle des Konus tritt ein Schrägstück. Das Vorgehen bleibt aber dasselbe.

Abstand Sattel/Lenker vergrößern

Werkzeug s.o.
Zeit: 30 Min.

Einfache Räder werden oft mit einer Manschette geliefert, die den Lenkerbügel unmittelbar am Lenkerschaft hält. Für viele ist der dadurch gegebene Abstand Lenker/Sattel auch bequem genug. Sollte er aber zu kurz sein, läßt sich Abhilfe schaffen. Einmal kann der Sattel um einige Zentimeter versetzt werden (siehe „Sattel“). Wahrscheinlich wird es aber nötig sein, den Lenker nach vorn zu versetzen. Dazu wird ein Vorbau aus Stahl oder Leichtmetall benötigt. Einen Vorbau mit passender Ausladung und passender Winkelstellung werden Sie sicher finden, denn die Auswahl ist riesig. Wichtig ist, daß der Vorbau den richtigen Durchmesser hat. Auch verstellbare Modelle sind zu haben - lohnt aber nur, wenn mehrere Leute das Rad intensiv nutzen oder wenn Sie noch im Wachsen sind. Außerdem sehen die verstellbaren Modelle häßlich aus. Wer ein Tourenrad alten Stils mit einem Vorbau ausrüstet, kann dann keine Gestängebremse mehr verwenden.

Umrüsten auf Lenkervorbau

Schraubenzieher
Schrauben- o. Inbusschlüssel
Zeit: 30 Min.

1. Alle Hebel, Handgriffe, Schalter usw. vom Lenkerbügel nehmen
2. Lenkermanschette öffnen, Lenkerbügel herausnehmen. Klemmt? Versuchen Sie's mit Rostlöser oder halten Sie den Bügel fest, um die Manschette mit Hammer und Schraubenzieher herunterzutreiben
3. Lenkerbügel in die geöffnete Manschette des Vorbaus einführen, Klemmschraube von Hand festziehen
4. Neu zusammengestellten Lenker ins Rahmenrohr einführen. Richtige Höheneinstellung finden, feststellen
5. Richtige Lenkerneigung feststellen, Klemmschraube anziehen

Für sämtliche Einstellungsarbeiten am Lenker und auch am Sattel gilt: Vergessen Sie alle schlauen Formeln und Berechnungen, verlassen Sie sich ganz auf Ihr Körpergefühl. Ausprobieren und Korrigieren braucht seine Zeit, aber nur so findet man heraus, welche Lenkerhöhe und -neigung „stimmt" und in welcher Stellung die Bremsgriffe mühelos bedient werden können.

Lenkerbügel, -schäfte und -vorbauten kommen in etlichen verschiedenen Durchmessern, die zum Teil nur zwei Millimeter auseinanderliegen. Zum Kauf von Ersatzteilen deshalb immer das alte Stück mitnehmen! Ein zu dünner Lenkerbügel läßt sich provisorisch festklemmen, indem man einen Blechstreifen zwischen Lenkermittelstück und Manschette schiebt.

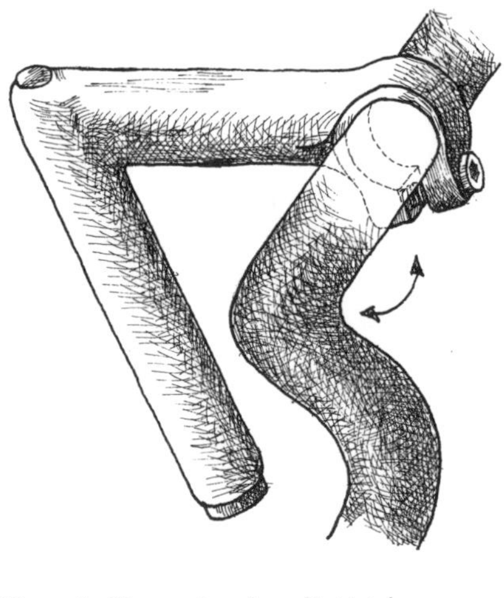

Wenn die Klemmschraube gelöst ist, kann die Lenkerneigung eingestellt werden

Wenn Sie den Lenkerbügel vor der endgültigen Anbringung der Griffe, Schalter oder beispielsweise Klingel an den entsprechenden Stellen mit Stoffklebeband umwickeln, wird die Oberfläche geschont.

Seitenrichtung einstellen Schrauben- o. Inbusschlüssel
Zeit: 2 Min

Kennen wir doch alle: Da lenkt man vermeintlich geradeaus - das Vorderrad dagegen zeigt schräg nach links und steuert zielsicher auf einen Laternenpfahl zu. In diesem bedauerlichen Fall sitzt der Lenkerschaft oder Vorbau lose im Rahmenrohr. Nachdem Sie sich vom Laternenpfahl gelöst haben, treten Sie entschlossen vor das Velociped hin.

Nun das Vorderrad fest zwischen die Beine klemmen und den Lenker wieder in die richtige Position rucken. Jetzt wird der Klemmbolzen festgezogen. Wenn Sie dabei aber keinen Widerstand spüren, ist möglicherweise der Konus abgefallen (siehe „Lenkerhöhe einstellen"). Ein prüfender Blick auf Lenker und Umgebung: irgendwo ein Riß, Knick oder eine Bruchstelle? Dann auf keinen Fall weiterfahren - Stürze über den Lenker sind kein Zuckerschlecken..

Handgriffe
wurden vor 100 Jahren noch aus erlesenen Materialien gefertigt: Horn, Elfenbein, Buchsbaum, Ebenholz.

Auch die Bakelitgriffe aus der Nierentischzeit hatten ihren eigenen Reiz, obwohl sie leicht zerbrachen. Heute bleibt uns die Auswahl zwischen Gummi, Plastik, Kork und Textil. Wählen Sie keine glatten, sondern ventilierte Griffe (mit Rillen, Lamellen, Noppen). Sonst gibt's im Sommer schnell Schwitzehändchen. Wer glatte oder kantige Griffe bevorzugt, wie sie häufig an MTBs montiert sind, sollte Radlerhandschuhe benutzen.

Kunststoffgriffe macht man sich gefügig, indem man sie in heißes Wasser taucht; Gummigriffe lassen sich leichter aufbringen, wenn man sie innen mit Talkum einstäubt.

Rennlenker bekommen keine Handgriffe, sondern werden mit Lenkerband umwickelt (damit sie nicht nur an den Bügelenden, sondern auch in der Mitte zu greifen sind). Textil-Lenkerband saugt den Schweiß gut auf (und wird irgendwann natürlich speckig). Um Verletzungsgefahren bei Stürzen vorzubeugen, werden die Bügelenden mit Stopfen verschlossen. Lebenskünstler bevorzugen Champagnerkorken.

Sattel

Als man noch glaubte, die Draisine sei weitläufig mit dem Pferd verwandt, wurden einige dieser Urfahrräder (auch „Schnellgänger“ oder „Stutzerpferde“ genannt) konsequent mit Reitsätteln ausgerüstet. Noch 1878 sah man ein Damenfahrrad mit seitlichem Damensattel und Steigbügel. Den galanten Sitz mußte die Lady jedoch mit einem kraftraubenden Handhebel-Antrieb bezahlen. Ziemlich bald hat man erkannt, daß der Sattel nicht nur den Körper tragen, sondern auch die Stöße des Straßenpflasters abfangen soll. Die Erfinder widmeten sich mit Hingabe der Sattelfederung und es kam zu geradezu lyrischen Bezeichnungen wie *„double action arab cradle spring“*, was soviel heißt wie „Arabische Wiege mit Doppelwirkung“, oder *„national challenge spring“* (die „Nationale Herausforderung“). Aber nicht nur die Namen waren exotisch, auch die Sättel selbst waren kühne und gediegene Konstruktionen, wogegen sich die heute erhältlichen Modelle manchmal kümmerlich ausnehmen.

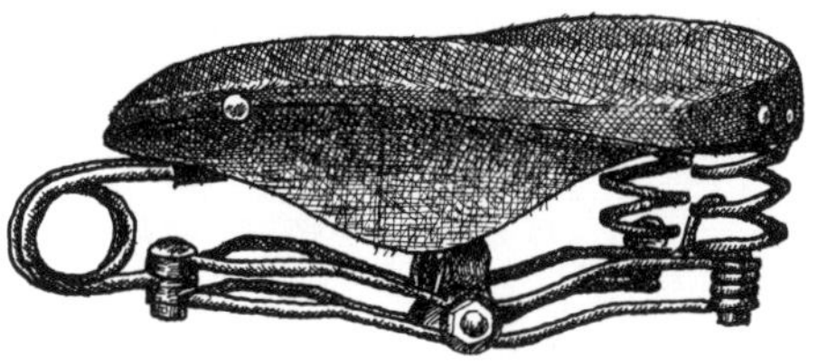

Ein herrlicher Oldtimer aus Leder und Stahl

Rennsattel
Immer ungefedert, aber zum Teil gepolstert (Schaumstoff, Gel). Das Kunststoff-Chassis ist mit Leder, Lycra oder Kunstfaser bezogen. Rennsättel sind schmal mit langer Nase („Geierschnabel“). Das hat drei Gründe: einfaches Wechseln der Sitzposition von vorn nach hinten, gute Führung des Rades und genügend Beinfreiheit für die Oberschenkel. Montage meist auf Patentsattelstützen.

Tourensattel
Oft mit Zug-, immer mit Druckfedern, manchmal auch längsgespannte Unterzugfedern und Schaumgummipolsterung unter der Satteldecke. Leder, Gummi, Kunststoff. Zur Montage dienen Sattelkloben und Sattelkerzen, auch Patentsattelstützen. Bequem sind sie, neigen aber auch zur Schwammigkeit.

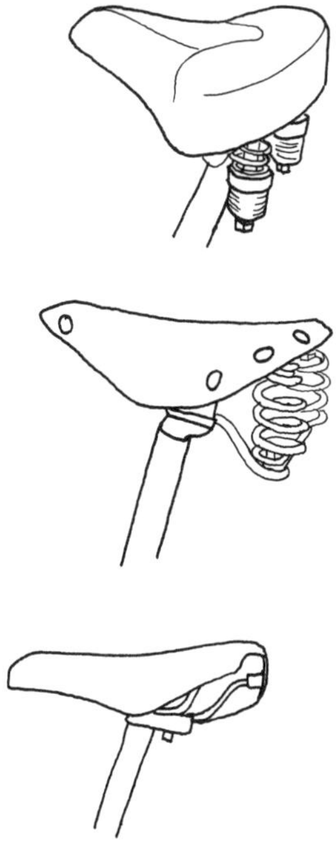

Von oben: stark gefederter und gepolsterter Tourensattel, MTB-Ledersattel, Rennsattel

MTB-Sattel

Einfach gefedert (Druckfedern), meist schaum- oder gelgepolstert.

Special: Damensattel

Zum Glück sind die Zeiten vorbei, wo jedefrau sich auf den Sattel von jedermann setzen mußte. Heute gibt es eine Auswahl richtiger Ladysättel mit breiter Partie für die Sitzknochen und einer Mittelrinne. Besonders gut sind die bekannten Damensättel von Idéale (Leder).

Allgemein:

Sehen Sie zu, daß der Sattel nicht zu hart ist und keine abstehenden Kanten hat. Lassen Sie sich aber auch nicht von der Vorstellung erschrecken, man würde sich auf einem Rennsattel schnell wundsitzen. Er wirkt bei schnellen und langen Fahrten weniger ermüdend als ein „Sofasattel“.

Tip: Regenschutz

„Watson, der seriöse Herr dort vorm Bankschalter hat einen nassen Arsch. Ihre Schlußfolgerung?“ „Die altmodische Hosenklammer am

Beinkleid deutet auf einen Radler mit nassem Sattel hin, mein lieber Holmes“.
Solche Widrigkeiten können vermieden werden, wenn man eine Plastiktüte unter den Sattel stopft. Zieht drohend ein Cumulus heran, kriegt der Sattel einen Überzieher und alles bleibt trocken. Besonders empfehlenswert für Ledersättel!

Höheneinstellung

Schraubenschlüssel
Zeit: 2 Min.

Ganz simpel geht es los: Der Sattel ist auf einem Rohr, genannt Sattelstütze oder Sattelkerze, befestigt, und diese wird im Rahmen (im Sitzrohr) festgeklemmt. Festgerostete Stützen kriegt man durch Hin- und Herdrehen des Sattels wieder los. Der Bolzen, der die Sattelstütze im Sitzrohr festklemmt (es ist zu diesem Zweck geschlitzt), hat auf der einen Seite eine Nase, die in eine entsprechende Aussparung im Rahmen faßt. Daher kann sie nicht mit-

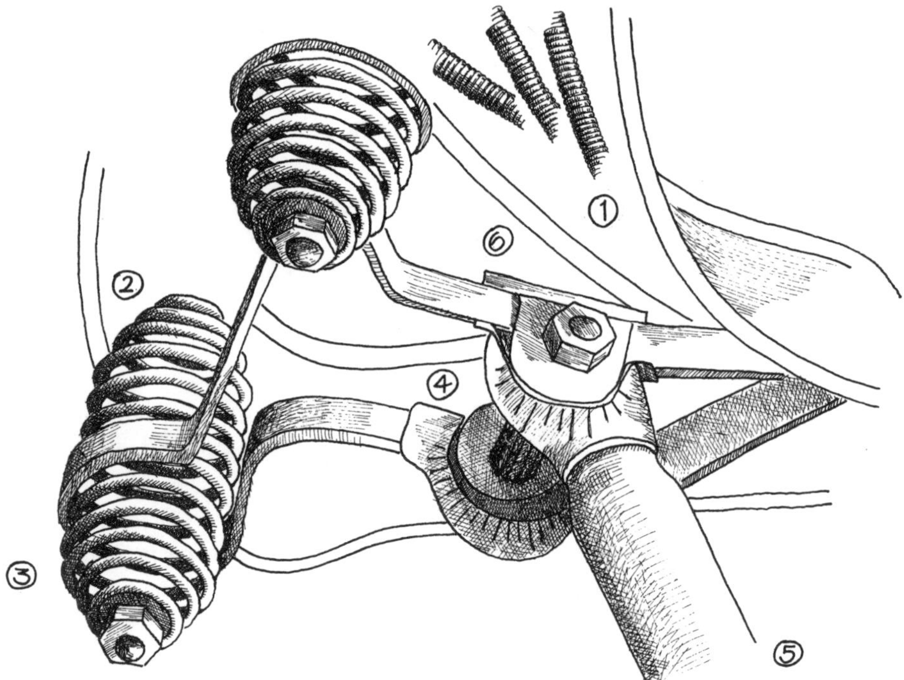

Anatomie eines Sattels: 1 Unterzugfedern 2 Druckfeder 3 Zugfeder 4 Sattelkloben mit Einstellrasten 5 Sattelstütze 6 Sattelklemmbolzen

drehen, wenn man die Mutter löst oder anzieht. Tut sie das dennoch, ist besagte Nase dem Zahn der Zeit zum Opfer gefallen - eine neuer Klemmbolzen erspart viel Ärger. Der Sattel sollte so eingestellt sein, daß die Ferse bequem auf der untenstehenden Pedale ruhen kann (aber beim Fahren mit dem vorderen Teil des Fußes in die Pedale treten, ja?). Gut, wenn Sie bei dieser Sattelhöhe mit den Fußspitzen den Boden erreichen können. In jedem Fall muß die Sattelstütze mindestens sechs Zentimeter tief im Sitzrohr stecken, besser mehr.

Höhe eingestellt? Der Sattelklemmbolzen wird wieder angezogen. Auch bei festgezogener Mutter muß der Schlitz im Rahmenrohr noch leicht geöffnet sein, da sonst keine ausreichende Klemmwirkung vorhanden ist. Ein eingelegtes Blechstück kann nur ein Notbehelf sein. Sattelstützen gibt's in etlichen Längen und Durchmessern, also auch hier das alte Stück zum Ersatzteilkauf mitnehmen!

Höheneinstellung mit Inbus - kinderleicht und im Handumdrehen erledigt.

Höheneinstellung mit Sattelschnellspanner - noch einfacher und im Fingerumdrehen erledigt. Achten Sie aber darauf, daß der Sattel nach dem Anziehen des Schnellspanners wirklich krisensicher sitzt. Falls nicht, dreht man die Gegenmutter des Spannhebels ein wenig fester.

Längseinstellung

Schraubenschlüssel
Zeit: 5 Min.

Wie aus den Abbildungen ersichtlich, ist der Sattel mit einem sogenannten Kloben auf die Stütze montiert.

1. Muttern auf beiden Seiten des Sattelklobens lösen
2. Jetzt läßt sich der ganze Kloben mit anhängender Stütze ein Stück auf dem Sattelgestell entlangschieben und damit der Abstand Sattel/Lenker verändern
3. Reicht das noch nicht aus, kann man den Sattelkloben um 180 Grad umlegen. Dadurch lassen sich noch ein paar Zentimeter gewinnen. Zum Umdrehen muß der Kloben von der Sattelstütze abgezogen werden
4. Beide Muttern am Kloben wieder festziehen

Auf den Abbildungen ist der Sattel soweit wie möglich nach hinten respektive nach vorn verstellt. Der Unterschied macht bei dem gezeigten Modell sechs Zentimeter aus.

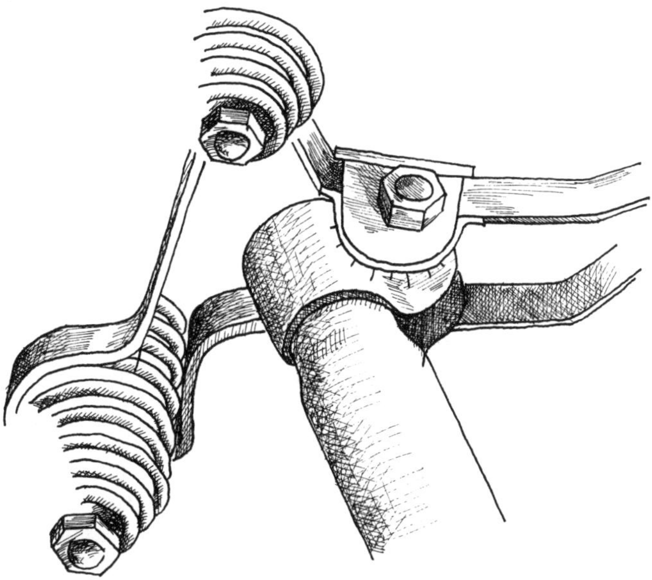

Derselbe Sattel mit nach vorn umgelegtem Kloben; der Sattel ist weiter nach vorn gerückt

Einstellen der Sattelneigung

Schraubenschlüssel
Zeit: 2 Min.

Beim Umlegen des Klobens war ein markantes Knacken zu hören. Das Geräusch wird durch die Einstellrasten in den Backen des Klobens hervorgerufen. Mittels der Rasten kann der Sattel nach vorn oder hinten geneigt fixiert werden. Da man die Sattelnase wohl kaum zum Himmel oder zum Boden zeigen läßt, kommen eigentlich nur die beiden Einstellungen in Frage, die neben der Waagerechten liegen.

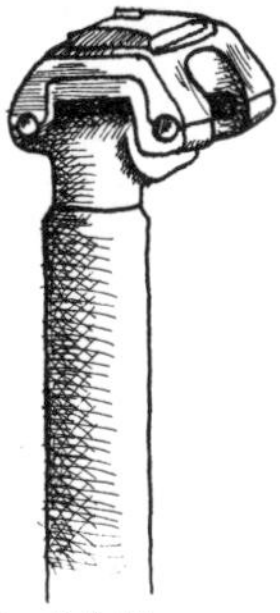

Patentsattelstütze

Einstellung mit Patentsattelstütze

Inbusschlüssel
Zeit: 2 Min

Die Veränderung von Sattelposition und -neigung kann hier vorgenommen werden, nachdem eine oder zwei Inbusschrauben gelöst wurden. Eine denkbar einfache Angelegenheit!

Handbremsen

Man kann zwar ohne Reifen fahren, ohne Sattel auch, Gangschaltung ist sowieso unnötiger Luxus - aber die Bremsen sind einfach durch nichts zu ersetzen, nicht mal durch den Fuß in den Speichen. (Ehrlicherweise muß gesagt werden, daß manche Fahrradkuriere in New York tatsächlich auf die Stopper verzichten - eine Trillerpfeife im Mund oder der Warnschrei „no brakes" sollen ähnlich wirken...).

Daß selbst bei einem heruntergekommenen Velociped die Bremsen funktionieren müssen, versteht sich eigentlich von selbst. Die Straßenverkehrsordnung schreibt zwei voneinander unabhängige Bremsen vor (zwei Handbremsen oder Handbremse plus Rücktritt). Und mit dieser Vorschrift ist sicher nicht „Carters Schleppbremse" von 1878 gemeint, bei der sich durch Betätigung eines Hebels zwei Metallanker in den Boden gruben und das Fahrzeug zum Halt brachten (das soll heute mal einer auf Beton versuchen). Auch „Pickerings Sattelbremse" ist ganz aus der Mode gekommen. Bei diesem Modell war der stark gefederte Sattel mit einer Bremssohle verbunden. Der Fahrer mußte nur entschlossen nach hinten hufpen, und schon rieb sich der Bremsschuh knarzend auf dem Hinterrad. Aber die Löffelbremse der Hochräder, die mit einem oder zwei am Lenker befindlichen Hebeln betätigt wurde, hat sich bis heute ziemlich unverändert erhalten, nämlich in Form der

Gestängebremse (Blockbremse, Klotzbremse)

Über Hebel und Gestänge wird ein Gummiklotz senkrecht auf den Reifen gepreßt. Die Bremskraft ist geringer als bei Felgenbremsen, aber das ist nicht schlimm. Denn was geschieht, wenn bei rasender Bergabfahrt zwei Felgenbremsen voll angeschlagen werden? Man begibt sich unter Zurücklassung des Rades auf eine erdnahe Umlaufbahn. Für „Komforträder" mag die Gestängebremse durchaus reichen, immerhin zeigt sie auch bei nasser Straße noch Wirkung. Wie bei allen Handbremsen hängt ihre Leistung entscheidend von der richtigen Einstellung ab.

Einstellen der Bremse

Schraubenzieher
Schraubenschlüssel
Zeit: 30 Min.

1. Vorderrad herausnehmen
2. alten Bremsklotz entfernen, neuen einführen. **Achtung**: Die geschlossene Seite des Bremsschuhs muß in Fahrtrichtung zeigen. Tut sie das nicht, Mittelschraube lösen und Bremsschuh wieder in richtige Position drehen

3. Rad wieder einbauen
4. Schraube a an der Lenkerschelle lösen. Schelle lockern und verschieben, bis das Gestänge senkrecht steht (parallel zum Rahmenrohr). Eventuell müssen Sie für diese Prozedur die Lampenhalterung lösen, nämlich wenn die Lampe am Lenkerschaft montiert ist.
   Schraube a (und Lampenhalterung) wieder festziehen

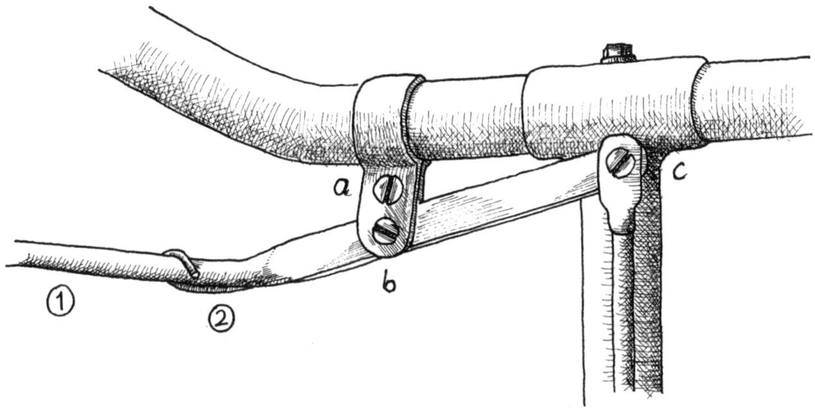

Gestängebremse: 1 Bremsgriff; 2 Feder

5. Mittelschraube am Gestänge lösen. Das Unterrohr mit Bremsklotz müßte jetzt bis auf den Reifen herunterrutschen (wenn nicht, mit Rostlöser gängig machen).
   Jetzt den Bremsgriff etwas hochziehen (nicht bis an den Lenker). Bremsgriff in dieser Stellung mit der Bremshand festhalten; mit der anderen Hand Mittelschraube andrehen.
6. Überprüfen Sie: Die Bremse soll so eingestellt sein, daß der Griff gut in Reichweite der Hand liegt und daß sie schnell anspricht. Mit anderen Worten, der Bremsklotz darf nicht erst auf den Reifen treffen, wenn der Griff schon den Lenker berührt.
   Ist die Bremsleistung noch unbefriedigend, können Sie die Mittelschraube nochmals lösen und das Gestänge verlängern. Man muß kraftvoll „in die Klötze gehen“ können. Und zum Schluß nicht vergessen, die Mittelschraube festzuziehen.

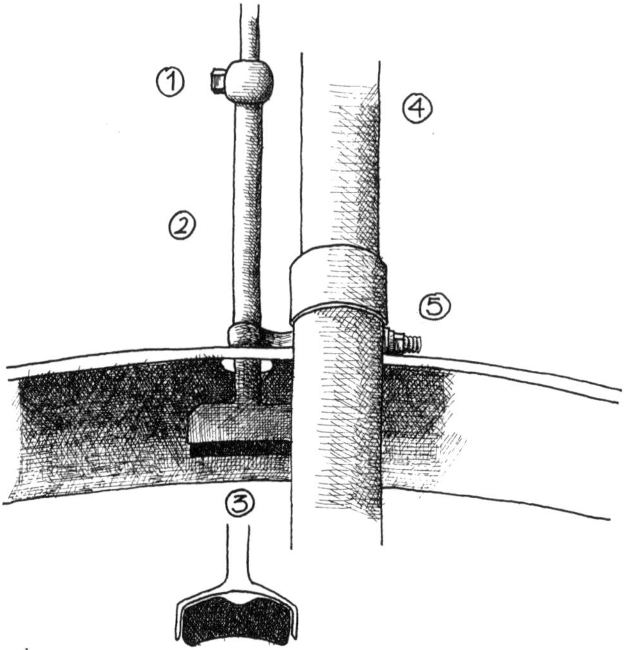

Gestängebremse
1 Mittelschraube
2 Unterrohr
3 Bremsschuh mit Bremsklotz
4 Gabelschaft
5 Bremsbolzen

Ausbau der Bremse

Schraubenschlüssel
Schraubenzieher
Zeit: 15 Min.

1. Vorderrad herausnehmen
2. Mittelschraube lösen
3. Unterrohr nach unten herausziehen
4. Mutter am Bremsbolzen lösen, Zwischenring und Schutzblechhalterung abziehen
5. Bremsbolzen aus dem Gabelkopf ziehen
6. Schraube a abschrauben (Gegenhalten nicht vergessen), Feder aushaken und von der Lenkerschelle abnehmen
7. Schraube b lösen, Schelle vom Lenker abziehen
8. Zusammenbau entsprechend den Abbildungen

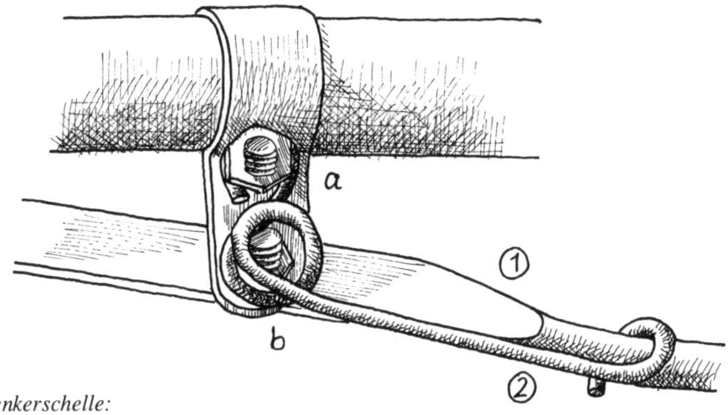

Rückseite Lenkerschelle:
1 Bremsgriff
2 Feder

Problem: Bremsgriff bleibt nach Bremsung oben

- Einstellung der Bremse überprüfen
- Schrauben b und c ölen, ebenso den Kopf des Bremsbolzens
- Kein Erfolg? Feder aushaken, kräftig nach unten biegen und wieder einhängen

Problem: Bremsklotz einseitig abgefahren

Das Übel verbirgt sich entweder im Bremsmechanismus oder im Vorderrad. Überprüfen Sie:

- Irgendein Bremsteil verbogen? Nur flache oder massive Teile lassen sich auf einer festen Unterlage mit dem Hammer richten. Rohre müssen ersetzt werden.
- Einstellung der Bremse korrekt?
- Bremsbolzen fest angezogen, Zwischenring vorhanden?
- Bremsklotz richtig herum im Bremsschuh?

Haben Sie den Fehler bisher noch nicht gefunden, wird es am Vorderrad liegen. Stellen Sie die Draisine auf Sattel und Lenker und beobachten Sie den Lauf des Vorderrades. Eiert? Siehe „Vorderrad".

Ein Fahrradhändler versicherte mir einmal, die Gestängebremse sei das Nachhausetragen nicht wert. Vielleicht hat er recht, aber ich muß zugeben, daß mich die schlichte Stangenmechanik fasziniert wie die Maschinerie einer alten Dampflok. Deswegen will ich auch noch eine weitere, feine Gestängebremse besprechen, die interessant in ihrer Funktionsweise ist und unbestreitbar effektiv bremst. An indischen Fahrrädern immer noch zu sehen, in Deutschland schon auf der „Roten Liste der vom Aussterben bedrohten Fahrradteile“.

Gestänge-Felgenbremse

Sie kann nicht an Kastenfelgen montiert werden. Denn anders als bei den üblichen Felgenbremsen wirken die Bremsbacken nicht seitlich auf die Felgenflanken, sondern packen unmittelbar neben den Speichen an. Auf dieses famose Instrument kann man sich nur verlassen, wenn es richtig eingestellt ist.

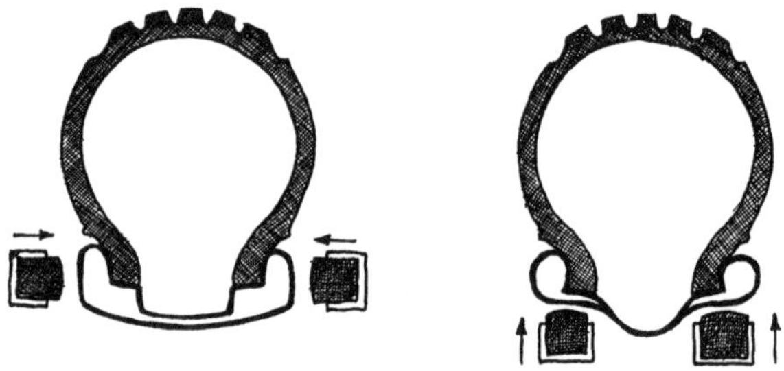

Wirkungsweise einer normalen Felgenbremse (links) und einer Gestänge-Felgenbremse (rechts)

Einstellen der Bremse (Vorderrad)

Schraubenschlüssel
Zeit: 15 Min.

1. Mittelschraube lösen
2. Bremsbügel probeweise hochziehen. Setzen Bremsklötze parallel zur Felge auf wie in Abbildung? Wenn nicht, Bremsschuhmuttern lösen, Sitz der Bremsschuhe korrigieren, Muttern wieder festziehen
3. Unterrohr hochziehen, bis die Bremsklötze beinahe die Felge berühren. Mittelschraube festziehen
4. Probelauf: Läuft das Vorderrad frei? Wenn nicht, überprüfen, ob es korrekt in der Gabel befestigt ist. Eine geringe Unregelmäßigkeit kann ausgeglichen werden, indem Sie die Mittelschraube lösen und das Unterrohr ein wenig senken. Vorsicht, daß die Korrektur nicht auf Kosten der Bremskraft geht.
5. Überprüfen: Stecken die Zapfen der Bremsschuhe ganz in ihren Führungen?

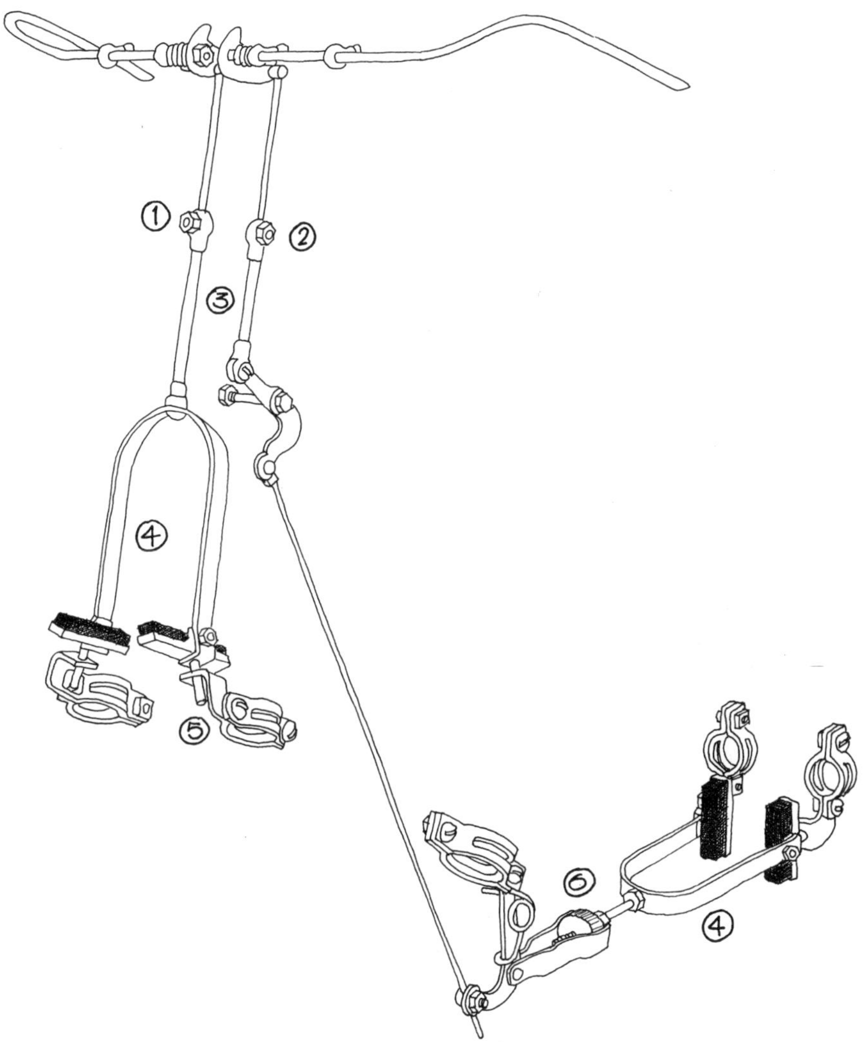

Gestänge-Felgenbremse:
1 Mittelschraube (Hinterrad)
2 Mittelschraube (Vorderrad)
3 Unterrohre
4 Bremsbügel
5 Zapfen
6 Rändelmutter (Justierschraube)

Einstellen der Bremse (Hinterrad)

Schraubenschlüssel
Zeit: 15 Min.

1. Mittelschraube und hintere Justierschraube (Rändelmutter) lösen
2. Gelenkanschluß so einstellen, daß er das Tretlager berührt
3. Bremsbügel so halten, daß die Bremsklötze fast die Felge berühren
4. Rändelmutter an den Anschlag zurückdrehen
5. Unterrohr am Punkt x leicht hochdrücken
6. Bremsgriff muß unten sein (also nicht so stehen, als ob gerade gebremst wird). Sollte er das nicht tun, herunterziehen
7. Mittelschraube festziehen
8. Jetzt kann der Abstand der Bremsklötze zur Felge mit der Rändelmutter fein abgestimmt werden
9. Bremsklötze parallel zur Felge? Bremsschuh-Zapfen innerhalb ihrer Führungen? Sonst korrigieren

Abgefahrene, verschmierte oder verhärtete Bremsklötze müssen ersetzt werden. Bei scharf abgefahrenen Klötzen stimmt die Einstellung nicht oder das Rad läuft nicht rund.

Kabelzug-Druckbremse

Gottseidank gibt es sie kaum noch. Diese unsinnige Instrument dient weniger der Verzögerung. Ihr einziger Nutzen schien darin zu liegen, das schlechte Gewissen einiger Hersteller zu beruhigen, die ja bekanntlich jedes Rad mit zwei Bremsen versehen müssen. Um wenigstens alles herauszuholen, was die kümmerliche Konstruktion hergibt, werden wir sie optimal einstellen!

Einstellen der Bremse

Schraubenschlüssel
Torpedoschlüssel
Zeit: 20 Min.

1. (Nur, wenn am Griff eine Kabelklemmschraube vorhanden ist:) Klemmschraube lösen. Kabelende mit Zange anziehen, aber nicht so stark, daß dabei gebremst wird. Klemmschraube wieder festziehen
2. Rändelmutter lösen
3. Vorderrad herausnehmen
4. Unterrohr mit Bremsschuh nach unten herausziehen. Nun liegt der Mechanismus in seiner nackten Anmut vor Ihnen. Bei Betätigung der Brem-

se verringert sich der Abstand zwischen Rändelmutter und Haltebügel. Da das Unterrohr mit der Rändelmutter verschraubt ist, wird es ein Stück nach unten aus dem Haltebügel herausgedrückt und preßt den Bremsklotz auf den Reifen. Die Spiralfeder stellt wieder die Ausgangssituation her (Abstand Rändelmutter - Haltebügel)

5. Feder und Rändelmuttergewinde leicht einölen. Der Weg, den der Bremsklotz zurücklegen muß, soll so kurz wie möglich gehalten werden. Daher
6. Mutter am Bremsbolzen lockern, Kontermutter mit Torpedoschlüssel lösen. Haltebügel soweit nach unten schieben, daß er sich möglichst dicht über dem Schutzblech befindet. Kontermutter festziehen.
7. Überprüfen: Haltebügel senkrecht? Dann Bremsbolzen wieder festziehen
8. Falls erforderlich, Bremsklotz auswechseln
9. Unterrohr in Haltebügel einführen und ganz nach oben schieben. Beim Aufdrehen der Rändelmutter müssen Sie etwas Druck ausüben, um die Feder zusammenzupressen. Dabei Vorsicht: Wird die Rändelmutter nicht

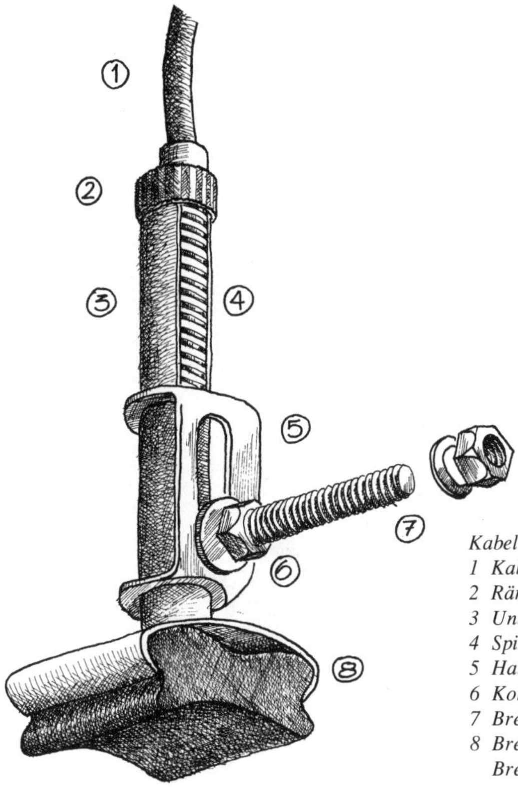

Kabelzug-Druckbremse:
1 Kabelzug
2 Rändelmutter
3 Unterrohr
4 Spiralfeder
5 Haltebügel
6 Kontermutter
7 Bremsbolzen
8 Bremsschuh mit Bremsklotz

gerade aufgedreht, ramponiert man das Gewinde. Außerdem: Beim Aufdrehen darf die Kabelhülle nicht mitdrehen. Alles klar? Wenn der alte Bremsklotz einseitig abgeschliffen war, überprüfen Sie:
- läuft das Rad rund?
- steht das Unterrohr senkrecht zum Reifen?

Diese Bremse sollten Sie bei nächster Gelegenheit durch eine bessere ersetzen. P.S. Alle anderen sind besser.

Trommelbremse

Wenn die normalerweise schlanke Vorderradnabe rundum faßförmig aussieht oder zumindest auf einer Seite in die Breite geht, handelt es sich um eine integrierte Bremse. Innen am Trommeldeckel befinden sich zwei halbmondförmige Bremsbacken mit aufgeklebten oder aufgenieteten Bremsbelegen. Während sich die Trommel selbst dreht, ist der Trommeldeckel mit dem Bremsarm unbeweglich am Rahmen befestigt. Wird über Gestänge oder Kabelzug die Bremse betätigt, verdreht sich innen der Bremsnocken. Er drückt die Backen auseinander und gegen die Innenwand der Trommel. Durch die großen Reibungsflächen entsteht eine kräftige Bremswirkung. Beim Lösen der Bremse zieht eine Feder die Bremsbacken wieder zurück.

Einstellen der Bremse (Kabelzug) Zeit: 5 Min.

1. Bremsarm mit Schelle starr am Rahmen befestigen
2. Kontermutter lösen
3. Einstellschraube drehen, bis Bremsbacken anziehen und Rad nicht mehr drehen kann. Dann wieder lösen (ca. 1/2 Umdrehung), bis Rad frei läuft
4. Einstellschraube in dieser Position halten, Kontermutter festziehen

Trommelbremse (Hinterrad)

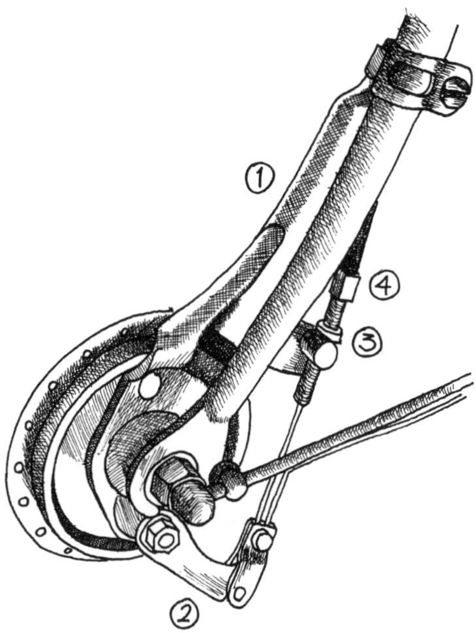

Trommelbremse (Vorderrad):
1 Bremsarm mit Schelle
2 Bremshebel
3 Kontermutter
4 Einstellschraube

Felgenbremsen

Diese Stopper sind einfach und wirksam. Sie arbeiten mit zwei Bremsklötzen, die seitlich an die Felgen gepreßt werden (funktioniert natürlich nur bei sogenannten Kastenfelgen mit annähernd senkrecht stehenden Felgenschultern). Mit gut eingestellten und gewarteten Felgenbremsen kann man Freundschaft schließen. Die wird allerdings bei Regen auf eine harte Probe gestellt - auf nassen Felgen haben die Bremsklötze wenig Reibung.

Was bremst denn da?

Fünf Arten unterscheidet der Bremskundler:

1. **Seitenzugbremse (Rennbremse)**
   Asymmetrisch gebaut (Bremskabel setzt an einer Seite an), leicht, gut dosierbar. Wird vorne mit dem Bremsbolzen an der Gabel angebracht,

hinten an einer eingelöteten Halterung oder einer sogenannten Pletscherplatte.

2. **Mittelzugbremse**
   Aufwendiger im Material, aber nicht unbedingt besser in der Wirkung. Bremskabel wirkt symmetrisch auf beide Seiten. Findet man praktisch nur an Mittelklasse-Rädern.

3. **Cantileverbremse**
   Die besondere Mittelzugbremse für MTBs und ATBs (Hybrid-, Trekkingräder). Einfachste, robuste Bauweise. Montage nur bei Rädern möglich, die über die entsprechenden Anlötsockel an der Gabel oder an den Sattelstreben verfügen.

4. **U-Brake, Power Brake**
   Starke Spezialbremsen aus der Anfangszeit der MTBs, jetzt auf der Roten Liste aussterbender Fahrradteile. Nur als Hinterradbremse, Montage auf Anlötsockeln, meist unten am Tretlager.

5. **Hydraulikbremse**
   Arbeitet mit Öldruck statt mit Seilzug. Hervorragende Wirkung. Ausführungen für Bikes mit Cantilever-Sockeln sowie für Renn(Sport)räder.

Bremstuning für Normalräder

Angenommen, Sie finden in der Hosentasche unvermutet einen Hundertmarkschein. Liegt es da nicht nahe, endlich eine neue Felgenbremse zu erstehen? Aber wie soll sie aussehen?

Jedenfalls muß sie passen. Kurze Modelle sind für Rennräder gedacht, die bekanntlich keine Schutzbleche haben. Rennbremsen sind gut, weil sie kaum nachgeben. Leider passen sie nicht auf ein Sportrad; dort würden sie statt der Felge den Reifen packen und ihren Zweck verfehlen. Nun sind bei allen Felgenbremsen die Bremsschuhe verschiebbar, so daß die Standardausführungen für viele verschiedene Räder passen. So können Sie vor dem Kauf das erforderliche Maß errechnen:

1. Schutzblech abnehmen
2. Abstand Bremsbolzen - Reifenoberkante messen (siehe Abbildung)
3. Abstand Reifenoberkante - Mitte Felgenflanke messen
4. Beide Abstände zusammenzählen

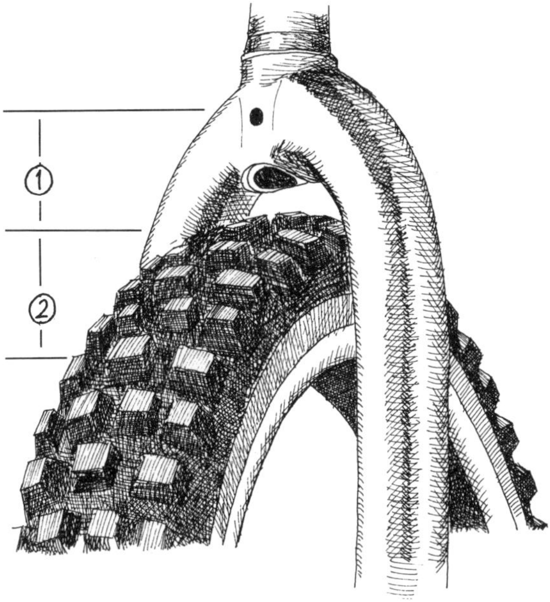

Zur Ermittlung der Bremsgröße sind die Abstände Bremsbolzen/Reifenoberkante (1) und Reifenoberkante/Felgenflankenmitte (2) wichtig

Der gefundene Meßwert sollte etwa in der Mitte des Einstellbereiches der Bremse liegen. Haben Sie beispielsweise 62 Millimeter ermittelt, empfiehlt sich eher eine Bremse 53-71 als ein Modell 61-79. Je kürzer die Bremsarme, desto besser.

Seitenzug- oder Mittelzugbremse? Man kann nicht eindeutig sagen, welche der beiden zweckmäßiger ist. Im unteren Preisbereich sind Mittelzugbremsen besser als die Kollegen, auf mittlerem Preisniveau halten sich beide die Waage, bei teuren Modellen gehen die Seitenzugbremsen in Führung. Eine Ausnahme ist die Delta-Bremse von Campagnolo, Mittelzug in Perfektion.

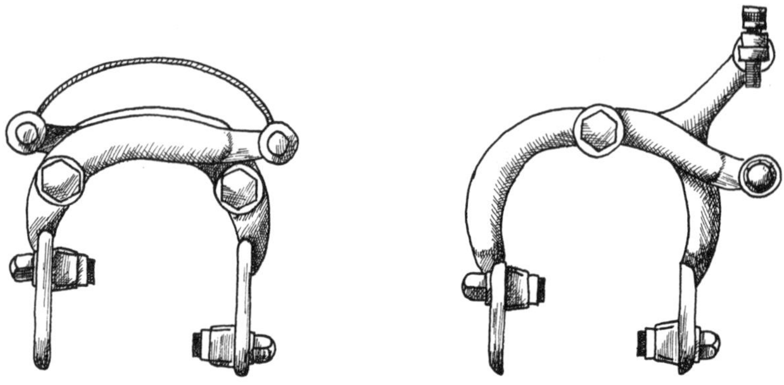

Links Mittelzug-, rechts Seitenzugbremse

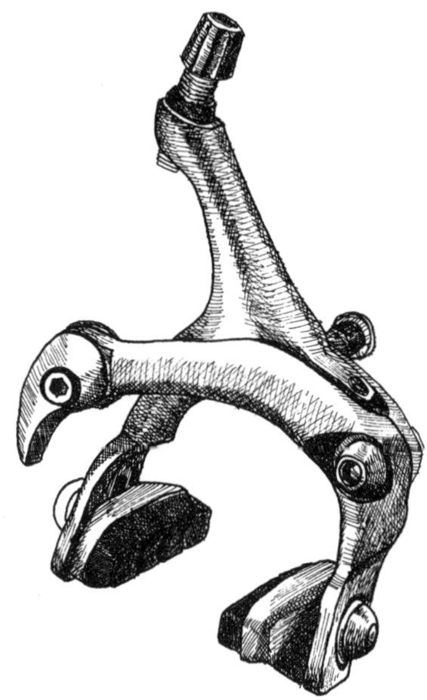

Moderne, kurzgebaute Rennbremse mit Schnellauslöser

Bei billigen Bremsen sehe ich mir immer auch den Bremsgriff an. Ist er massiv und endet in einer stromlinienförmigen Hülse? Gut. Oder endet er in einem schmalen Sockel? Vielleicht auch gut. Ist der Griff aus einem Stück Blech zusammengebogen? Nicht gut. Bei dieser Bauweise ist in der Regel das blanke Kabel (vom Bowdenzug) mit einer schlichten Schraube im Griff befestigt. Nehmen Sie lieber eine teure, bessere Version. Alle vernünftigen Ausführungen haben im Griff eine Aussparung, in die der Nippel des Bremskabels ohne große Fummelei eingeklinkt wird.

Letzter Test: Ist der Bremsgriff leichtgängig und hat nur leichtes Seitenspiel? Gut. Schlackert er hin und her? Finger weg. Achten Sie ferner darauf, ob sich der Griff ohne Krampf greifen und betätigen läßt.

Nun haben Sie endlich die neuerworbene Bremse über die Schwelle getragen. Der Einbau ist nicht schwer.

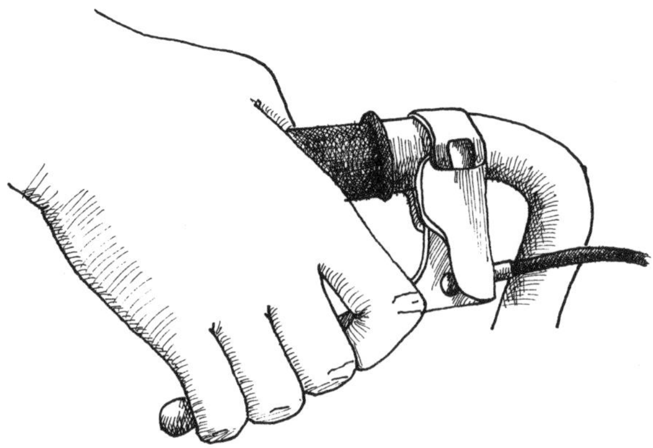

Besonders bei Billigbremsen ist die Funktionsprüfung (überlebens)wichtig: Kann der Bremsgriff gut durchgezogen werden?

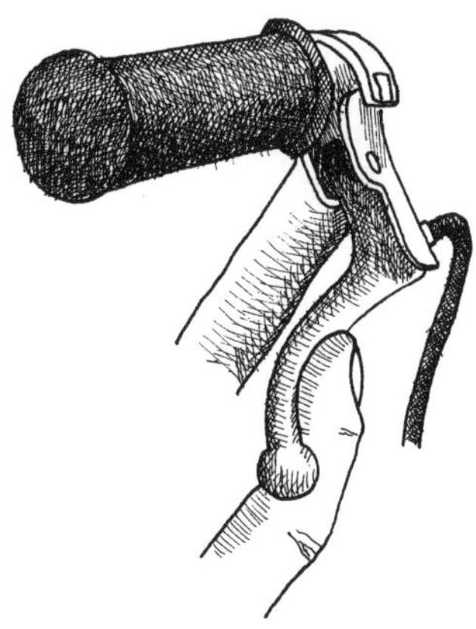

Hält sich das seitliche Spiel in Grenzen?

Einbau der Bremse und Zentrieren

Schraubenschlüssel
Zeit: 10 Min.

1. Bremsbolzen durch Loch im Gabelkopf stecken
2. Schutzblechhalterung und Zwischenring aufschieben
3. Kontrolle: Sind beide Bremsklötze gleichweit vom Rad entfernt? Dann Mutter fest anziehen

Montage des Bremsgriffes

Schraubenschlüssel
Schraubenzieher
Zeit: 15 Min.

Bei Seitenzugbremsen stellt sich die Frage: Gehört der Griff links oder rechts an den Lenker? Das wird durch die Führung des Kabelzuges bestimmt; endet das Kabel links an der Bremse (in Fahrtrichtung gesehen), muß der Griff rechts sein und umgekehrt.

a. Lenkerbandage mit außenliegender Schraube

1. Griff in die richtige Position rücken
2. Mutter festziehen (Zwischenring nicht vergessen?)

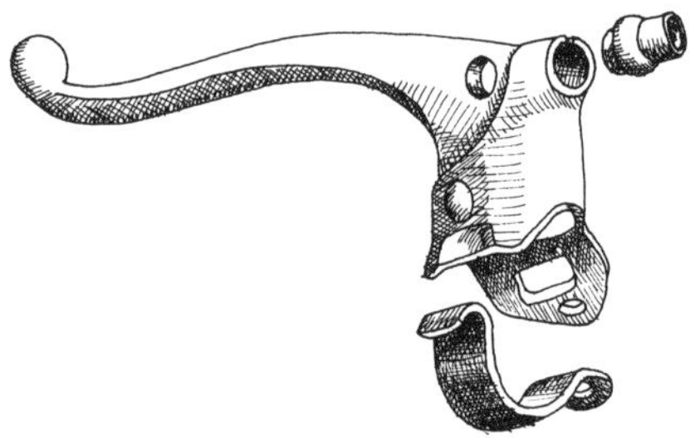

Lenkerbandage mit Außenschraubung

b. Lenkerbandage mit verdeckter Schraubung

1. Bremsgriff ganz anziehen, Schraube herausdrehen, einzelne Teile abnehmen
2. Bandage auf den Lenker schieben
3. Griffhülse aufsetzen
4. Bremsgriff ansetzen, Bolzen seitlich in Griff/Griffhülse schieben
5. Schraube von oben einführen (Zwischenring!) und in Bandagengewinde einschrauben
6. Griff an die richtige Stelle auf dem Lenker rücken, Schraube festziehen

7. Handschutz aufschieben
8. Bremszug einhaken

Bei Campagnolo-Bremsen benötigt man für diese Arbeiten den Spezial-T-Schlüssel

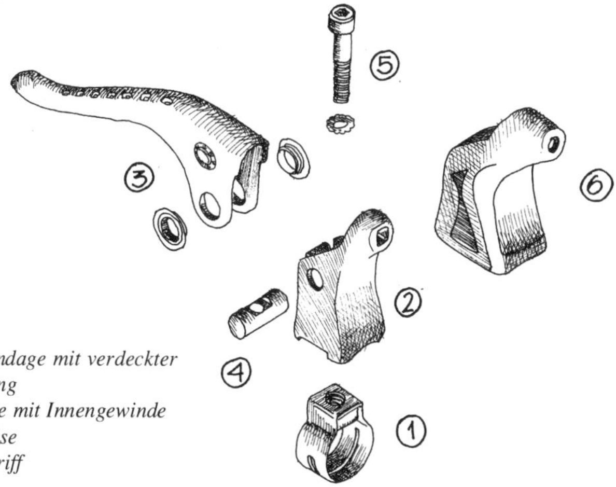

Lenkerbandage mit verdeckter Schraubung
1 Bandage mit Innengewinde
2 Griffhülse
3 Bremsgriff
4 Bolzen
5 Befestigungsschraube
6 Handschoner

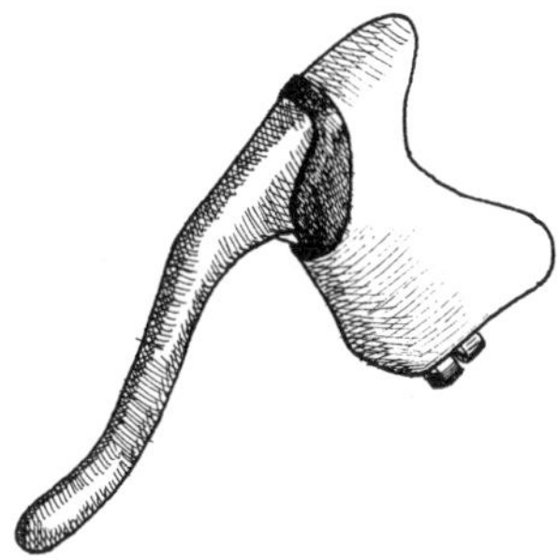

Bei den im Rennsport beliebten Aero-Bremsen wird der Kabelzug verdeckt im Bremsgriff nach unten gelenkt und unter dem Lenkerband unsichtbar weitergeführt

Kabelhalter montieren (nur Mittelzugbremsen)

Schraubenschlüssel
Hammer
Steuersatzschlüssel oder Wasserpumpenzange
Zeit: 15 Min.

1. Lenkerschaft herausziehen (siehe „Lenker“)
2. Kopfmutter des Steuersatzes abschrauben (siehe „Steuersatz“)
3. Kabelhalter aufschieben (Nase beziehungsweise Abflachung muß genau in den entsprechenden Teil des Gabelschafts passen), Kopfmutter wieder festziehen.

Kabelhalter zur Montage am Steuersatz
1 Justierschraube
2 Kontermutter

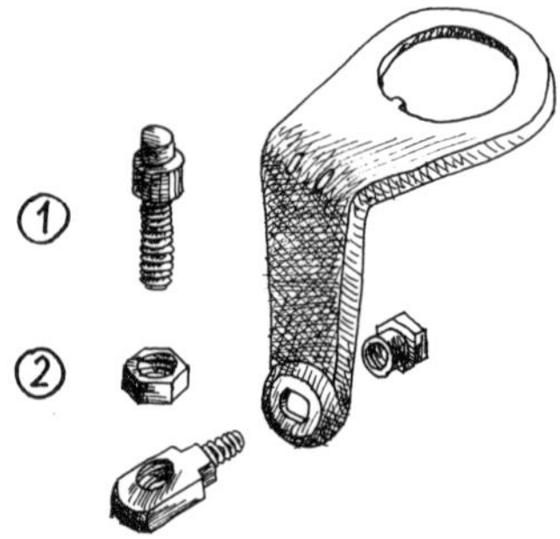

Bei der Hinterradbremse ist der Kabelhalter entweder angelötet, oder er wird mit dem Sattelklemmbolzen befestigt.

Bremse einstellen

Schraubenschlüssel
Schraubenzieher, Zange
„Dritte Hand" oder
Bindfaden
Zeit: 25 Min.

1. Kontermutter an der Justierschraube lösen
2. Justierschraube ganz an den Halter heran-, dann ca. 1 Umdrehung wieder herausdrehen
3. Kabelklemmschraube lösen
   So, jetzt wird's dramatisch. Sie müssen gleichzeitig:
4. Bremsbacken an die Felge drücken und
5. Bremskabel, soweit es geht, strammziehen (Zange o. von Hand)
   Das ginge ja noch, aber nun muß simultan
6. die Kabelklemmschraube festgezogen werden. Aber wirklich fest!

Mechaniker benutzen die „Dritte Hand", eine Montagefeder, die die Bremsbacken andrückt. Es geht auch einfacher: Binden Sie die Bremsbacken mit einem Stück Band, das über die Bremsschuhmuttern gelegt wird, fest zusammen.

Noch mal in Kürze: Bremsbacken sitzen fest an der Felge, Kabel ist stramm und wird so von der Klemmschraube gehalten. Gut! Halt. Besitzer der Mittelzugbremse haben 4., 5. und 6. stirnrunzelnd gelesen und sich ge-

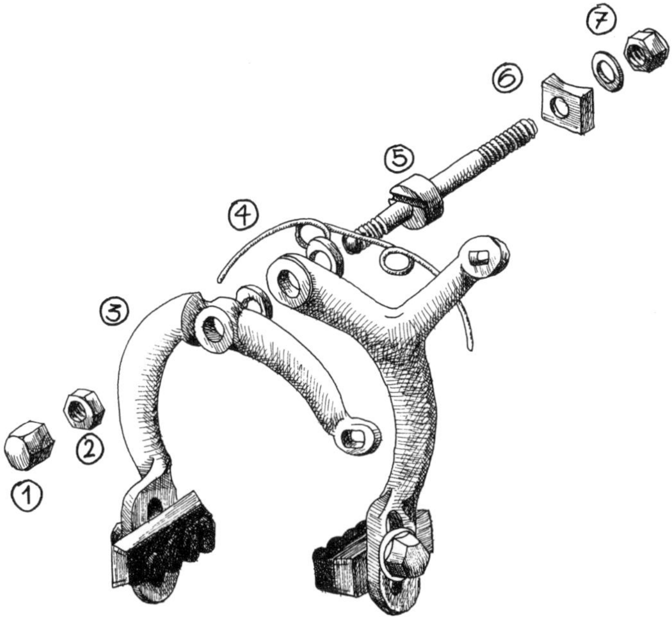

Seitenzugbremse:
1 Hutmutter
2 Kontermutter
3 Bremsbügel (Bremszange)
4 Feder
5 Bremsbolzen mit Federträger
6 Hohlscheibe (liegt am Gabelkopf)
7 Mutter mit Zwischenring

wünscht, noch mindestens eine vierte Hand zu haben. Bei dieser Bremse muß nämlich zusätzlich noch das Verbindungskabel straff nach oben gehalten werden. Aber selbst das geht ohne Assistenten:

4. Bremsbacken festbinden
5. Bremskabel mit Zange oder Fingern straffen,
6. Handrücken oder Knöchel derselben Hand drücken dabei das Verbindungskabel in die Höhe,
7. mit der anderen Hand wird die Kabelklemmschraube angezogen. Halleluja.

Nun ist die Bremse zwar befestigt und eingestellt, aber die Bremsbacken liegen noch an den Felgen.

8. Ziehen Sie den Bremsgriff fest an und lassen Sie ihn dann wieder los. Lösen sich die Bremsklötze weit genug von der Felge, um das Rad freizugeben? Sonst hilft zur Feinabstimmung die
9. Justierschraube: in das Gewinde des Halters hineindrehen, bis die Bremsbacken vom Rad freikommen. Ist das nicht möglich,
10. noch einmal die Kabelklemmschraube lösen und ein wenig Kabel herauslassen.
11. Kontermutter fest gegen den Justierschraubenhalter drehen

Kontrolle: Greifen beide Bremsklötze auf gleicher Höhe und gleichzeitig an? Wenn nicht, ist die Bremse schief montiert und muß zentriert werden: Bremsbolzen lösen, Bremse ausrichten, Mutter wieder anziehen. Hilft noch nicht? Dann kann es nur am unregelmäßigen Radlauf liegen (siehe „Vorderrad").

Es gibt auch kundenfreundlichere Zentriereinrichtungen, zum Beispiel bei Bremsen von Weinmann oder Shimano, da wird die Einstellung mit einem Inbusschlüssel vorgenommen.

Zwar sehen die Einzelteile nicht bei allen Fabrikaten gleich aus und haben natürlich unterschiedliche Abmessungen, aber aus dieser Zeichnung läßt sich erkennen, welche Teile für das Funktionieren einer Bremse unerläßlich sind.

Sie mögen den Weltrekord im Bremseneinstellen haben, aber das nützt Ihnen gar nichts, wenn zum Beispiel nur der unscheinbare Zwischenring hinter dem Gabelkopf fehlt und die Bremse sofort wieder dezentriert (verrutscht). Achten Sie daher bitte bei allen Montagen und Demontagen auf die Vollständigkeit der Teile.

Angenommen, Sie sind mit perfekt justierten Bremsen zur Alpenüberquerung gestartet (Hannibal-Gedächtnis-Korso) und befinden sich auf Schußfahrt ins Tal. Die Bremsen rauchen unter dem Dauerstreß. Allmählich müssen Sie den Griff immer weiter durchziehen, um die nötige Bremswirkung zu erhalten. Entweder befassen Sie sich jetzt mit dem Komplex Testament/Lebensversicherung/Hinterbliebene, oder Sie gehen an's

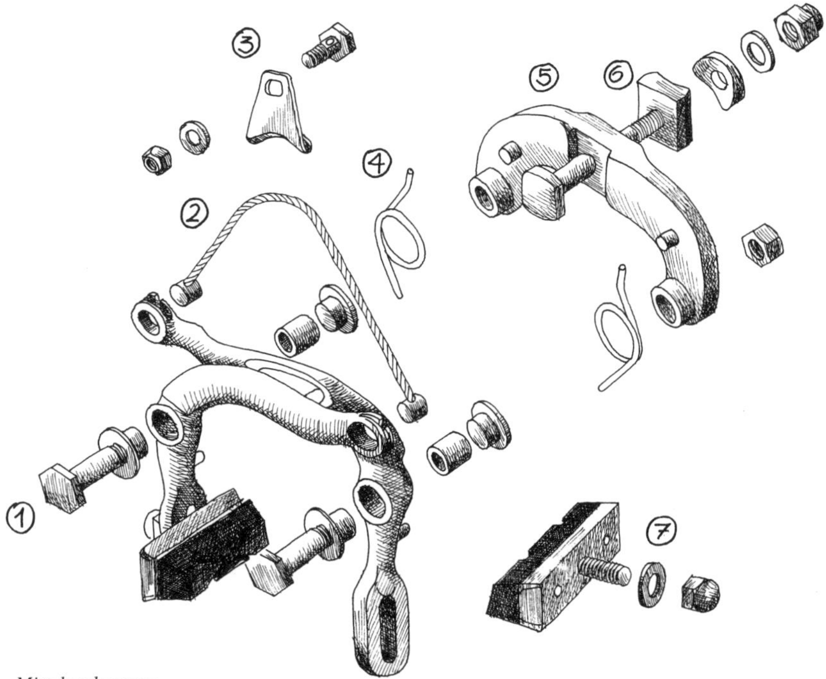

Mittelzugbremse:
1 Lagerschraube mit Zwischenring, Hülse, Buchse, Mutter
2 Verbindungskabel
3 Kabelträger mit Kabelklemmschraube
4 Bremsfeder
5 Trägerplatte
6 Bremsbolzen mit Hohlscheiben
7 Bremsschuh mit Bremsgummi

Nachstellen der Bremsen (Schraubenzieher)
Zeit: 5 Min.

1. Kontermutter an der Justierschraube lösen
2. Justierschraube herausdrehen, bis Bremsbacken in ungebremstem Zustand nur wenig von den Felgen entfernt sind.
3. Kontermutter fest an den Justierschraubenhalter andrehen

Bei mittelalterlichen Bremsen ohne Justierschraube müssen Sie die Kabelklemmschraube lösen und das Kabel wieder strammziehen. Unkompliziert ist dagegen das Nachstellen mit einer Semiautomatik - geht in Sekundenschnelle. Früher oder später (am gesundesten: früher) ist eine weitere Arbeit fällig:

Überprüfen der Bremsklötze

Die müssen ersetzt werden, bevor sie bis auf den Bremsschuh abgeschliffen sind. Bei einigen Bremsen läßt sich nicht der Gummi-Bremsklotz, sondern nur der Bremsschuh komplett auswechseln (ist natürlich auch teurer). Beim Montieren darauf achten, daß sich das Bremsgummi auch hübsch parallel an die Felge schmiegt. Und den Zwischenring nicht vergessen.

Läßt die Bremse es zu, die Bremsklötze solo auswechseln, dann ACHTUNG: Die geschlossene Seite des Bremsschuhs muß in Fahrtrichtung zeigen. Sitzen sie falsch herum, dann poppen die Bremsgummis bei der nächsten Vollbremsung nach vorn heraus wie die Schampuskorken, und Sie sausen ungebremst weiter.

Machen Sie gleich noch den Sherlock-Holmes-Test: Sehen Sie genau nach, wie die Klötze abgeschliffen sind.

1. auf einer Seite mehr abgeschliffen als auf der anderen: Bremse muß zentriert werden
2. vorne geringfügig mehr abgeschliffen als hinten: macht nichts
3. hinten mehr abgeschliffen als vorn: Bremsschuh (neuen kaufen) oder Bremsbügel (Werkstatt fragen) verbogen
4. normal abgeschliffen, aber hart (durch Reibung und Hitze): neue kaufen

Problem: beim Bremsen ein heftiges Rütteln

1. Heben Sie das Rad am Lenker hoch, daß das Vorderrad eine Handbreit über dem Boden schwebt, lassen Sie es fallen. Wackelt? Dann ist die Gabel lose im Steuerrohr und der Steuersatz muß nachgesehen werden (siehe dort).
2. Mutter am Bremsbolzen fest? Wenn nicht, haben Sie die Ursache hier. Oder
3. der Bremsbolzen ist verbogen. Unter Umständen läßt er sich auf einer harten Unterlage richten (Hammer, Hartholzklotz zur Schonung des Gewindes), besser aber Sie ersetzen das Teil.

Problem: ein durchdringendes Quietschen beim Bremsen

Das Problem ist rein akustisch - die Bremsfunktion wird dadurch nicht beeinträchtigt. Wahrscheinlich wird das Geräusch durch einen Belag auf den Felgen hervorgerufen. Mit Benzin oder ganz vorsichtig mit feiner Stahlwolle abreiben.

Problem: Bremse schleift (bremst nach Lösen des Bremsgriffes weiter)
Die Ursache liegt fast immer im Handgriff, im Bowdenzug oder im Bremsteil, nur ausnahmsweise in übernatürlichen Erscheinungen.

Pressen Sie die Bremsbacken mit einer Hand an die Felge und betätigen Sie mit der anderen den Bremsgriff. Läßt er sich leicht bewegen, lesen Sie weiter bei „Fehler im Bowdenzug". Wenn nicht, steckt der

A. Fehler im Handgriff
Fahren Sie eine Rennmaschine mit sogenannten „Sicherheits"- oder Zusatzhebeln? Was man normalen Bremsgriffen gern zugesteht, nämlich eine funktional gutgelöste Kraftübertragung, kann man bei diesen Zusätzen bezweifeln. Sie sollen dem Rennfahrer ermöglichen, auch dann zu bremsen, wenn er die Hände oben auf dem Lenker hat. Das beste, was man mit diesem Gedöns machen kann:

1. Zusätzliche Bremsgriffe abmontieren. Vielleicht klemmt's jetzt nicht mehr, sonst...
2. beobachten Sie, wo im Bremsgriff bewegliche Teile gegen unbewegliche reiben. Ein paar Tropfen feines Öl können Wunder wirken.
3. Griff verbogen? Unter Umständen kann er mit den Händen oder mit der Wasserpumpenzange geradegebogen werden. Sonst muß ein neuer her.
4. Ist der Bolzen (die Achse, um die sich der Bremsgriff dreht) verbogen? Ersetzen Sie ihn. Für Qualitätsbremsen können alle möglichen Einzelteile geliefert werden, nur sind die Händler oft eher daran interessiert, Ihnen gleich eine neue Bremse zu verkaufen.
5. Ist die Griffhülse deformiert und klemmt gegen den Griff? Schraubenzieher zwischen beide Teile stecken und vorsichtig hebeln, bis Griff wieder frei beweglich ist.

Allgemein gilt der Grundsatz, daß mehrmals verformte Teile (also verbogene, die man wieder gerichtet hat), wegen Materialermüdung ersetzt werden müssen (gähn...).

B. Fehler im Bowdenzug
Sie haben die Bremsbacken probeweise zusammengepreßt, und der Bremsgriff ließ sich leicht bewegen. Gehen die Bremsbacken beim Loslassen in die Ausgangsposition zurück? Wenn nicht, lesen Sie weiter unter „Fehler im Bremsteil".

Gehen die Backen von selbst zurück, steckt der Teufel im Bremszug. Hier gibt's zum Glück nur zwei Möglichkeiten.

1. Ist die Bremsanlage neu, geben Sie tropfenweise Öl von oben in den Bowdenzug und greifen solange in die Bremse, bis sie ohne Aufmucken wieder in die Ausgangsposition gleitet.
2. Ist die Bremse oder der Bowdenzug alt, wechseln Sie ihn aus (Kabelklemmschraube lösen, Kabel aus dem Griff aushaken). Zum Kauf den alten Zug mitnehmen und genau vergleichen, denn wunderbar vielfältig und artenreich ist die Welt der Bremskabel:

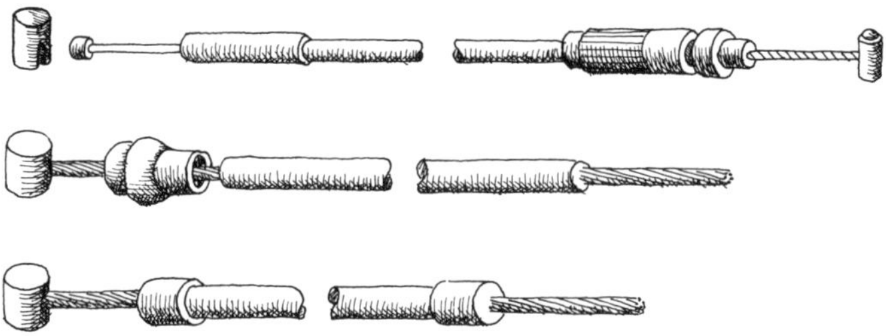

Bowdenzüge mit unterschiedlichen Kupplungsstücken

P.S. Eine Anschaffung, die sich lohnt: Bowdenzugöler. Werden auf die Bremszüge aufgeschoben und sorgen durch Innenschmierung für Leichtgängigkeit.

P.P.S. Moderne Züge sind innen mit gleitarmem Material wie Teflon beschichtet; hier ist keine Ölung nötig außer vielleicht der letzten.

C. Fehler im Bremsteil (Seitenzugbremse)

Schleift nur eine Bremsbacke?

1. Mutter des Bremsbolzens lose? Dann Bremse zentrieren, also so halten, daß beide Bremsbacken gleichweit von der Felge entfernt sind. Zwischenring auf dem Bremsbolzen? Mutter wieder festziehen.
2. Sitzt die Mutter fest, dann lösen Sie sie jetzt und zentrieren die Bremse. Fehlanzeige? Überprüfen Sie die Vollzähligkeit der Teile auf dem Bremsbolzen.

Vielleicht ist auch der Bremsbolzen selbst verbogen; das kommt häufiger vor als man denkt. Entweder richten (siehe „Problem: Rütteln") oder gleich ersetzen.

Wenn Sie den Mangel noch nicht gefunden haben, nehmen Sie die Bremse ab (Kabel lösen, hintere Mutter vom Bolzen, Bremse nach vorn abziehen), bringen Sie zur Werkstatt und beschäftigen sich mit etwas Sinnvollerem.

Schleifen beide Bremsbacken?

1. Sind Hutmutter und Kontermutter gegen die Bremsbügel gedreht und klemmen diese fest? Dann hintere Bolzenmutter festziehen. Hutmutter lösen. Kontermutter gegen Bremsbügel drehen (Zwischenring?) und 1/2 Umdrehung wieder zurückdrehen. Kontermutter in dieser Stellung festhalten (Torpedoschlüssel) und Hutmutter dagegen kontern.
2. Sind die Bremsbügel auf dem Bolzen festgegammelt? Rostlöser aufsprühen oder -pinseln. Nehmen Sie sich genug Zeit, um eine Platte anzuhören oder das erste Kapitel von „Inspektor Jury bricht das Eis“ zu lesen. Geht's jetzt?
3. Reiben beide Bremsbügel gegeneinander? Ist der Zwischenring überhaupt noch da? Wenn ja, versuchen Sie, mit einem starken Schraubenzieher die Bremsbügel voneinander freizuhebeln (problematisch; meistens schnappen sie danach gleich wieder in die alte Stellung zurück).
4. Letzte Möglichkeit: Untersuchen Sie den Bremsbolzen - verbogen?

Hilft all das nicht, würde ich an Ihrer Stelle die Bremse demontieren, einen Zielwurf in den Mülleimer tun und eine bessere erwerben.

D. Fehler im Bremsteil (Mittelzugbremse)

Schleift nur eine Bremsbacke?

Vermutlich hat sich die ganze Bremse ein Stück um den Bolzen verdreht und bringt dadurch einen Bremsklotz näher an die Felge heran als den anderen.

1. Bolzenmutter lösen, an Bremsbügeln anfassen und mit ihnen die Trägerplatte verdrehen, bis Bremse wieder richtig zentriert ist. Mutter festziehen. (Herr Zwischenring, sind Sie anwesend?)

Schleifen beide Bremsbacken?

1. Lagerschrauben festgerottet. Lassen Sie Öl oder Rostlöser ran. Bis das Mittel wirkt, haben Sie Zeit, ein Klafter Kaminholz zu spalten...
   Um die Bremsbügel jetzt hin- und herbewegen zu können, muß die Bremsanlage erst entspannt werden. Entweder das Verbindungskabel aushaken oder die Kabelklemmschraube lösen oder den Schnellverschluß.

Und nun bitte kräftig mit den Bremsbügeln arbeiten. Wenn das Öl eingedrungen ist, sollte die Bremse wieder gängig sein.

2. Bremsbügel klemmen aneinander fest. Bei einigen Modellen wird eine Nase an der Innenseite des vorderen Bügels in einer Nut (einer rillenförmigen Vertiefung) des hinteren Bügels geführt. Wenn's hier klemmt, sehr vorsichtig mit dünnem Schraubenzieher losprokeln.
   Sind die Bügel deformiert und kommen nicht voneinander los, müssen neue her. Und dann muß die Bremse wieder neu eingestellt werden.
3. Ist bisher der Erfolg ausgeblieben, kann man die Bremse zerlegen: sauberen Lappen ausbreiten und Teile in der Reihenfolge der Demontage hinlegen. Vorher würde ich mich allerdings erkundigen, ob Ihr Hoflieferant auch Ersatzteile führt oder bestellt.
   Nach dem Aushaken des Verbindungskabels werden die Lagerschrauben entfernt. Dabei fallen eventuell Abstandhalter zwischen den Bügeln heraus. Der Vorderbügel kann abgenommen werden. Zum Abziehen der Federn ist eine Zange das richtige Instrument, denn die kleinen Klabauters haben reichlich Kraft und sind mit Respekt zu behandeln. Sollte eine Feder gebrochen sein, so sind Sie damit auf den Fehler gestoßen. Die Federn für die linke und rechte Seite sind übrigens spiegelverkehrt gearbeitet, also nicht austauschbar. Beim Einbau werden die Federn erst auf die Buchsen der Trägerplatte gesteckt und dann mit dem Aufbringen der Bremsbügel auf Spannung gebracht.
   Nun liegen die Einzelteile vor Ihnen. Stecken Sie die Lagerschrauben durch die Bremsbügel. Lassen sie sich leicht drehen? Wenn nicht, spüren Sie Abnutzungsstellen auf. Ablagerungen können mit Stahlwolle vorsichtig entfernt werden. Bewegliche Teile werden leicht geölt (bis auf Kunststoffteile, da muß Graphit ran). So, nun wird das Ganze in umgekehrter Reihenfolge montiert. Streikt sie immer noch? Neue kaufen!

Cantileverbremsen

Sie waren schon immer gut, aber früher kannten sie nur die Wenigsten: Canti-Bremsen waren nur bei Cross-Rädern im Einsatz. Die Mountain-Bike-O-Mania hat die bissigen Verzögerer populär gemacht. Früher ziemlich primitiv, sind jetzt auch die Cantilever-Bremsen ausgefuchste Teile.

Die kräftigen, kompakten Bremskörper sitzen auf Anlötsockeln (woraus Sie messerscharf folgern: ohne Sockel keine Cantis - Nachrüsten an Normalrädern nicht möglich!). Die Hebelwirkung ist ausgezeichnet, die Einstellung nicht besonders schwierig. Im Vergleich mit einer reinrassigen Rennbremse reagiert die Cantibremse etwas gröber, sie läßt sich nicht ganz so gut dosieren.

Einstellung der Cantileverbremse

Schraubenschlüssel
Inbusschlüssel
Zeit: 15 Min.

Je nach Hersteller und Modell kann die Bremsjustage variieren. Hier gehe ich von einer modernen, servicefreundlichen Bremse aus.

1. Muttern der Bremsschuh-Halterungen lösen (mit Inbusschlüssel gegenhalten)
2. Rechtes (längendefiniertes) Zugkabel in Bremskörper und Kabelträger einhaken
3. Jetzt ist das eigentliche Bremskabel dran, das vom Bremsgriff kommt und im linken Bremskörper endet. Fädeln Sie es durch den Kabelträger und ziehen Sie es an. Dadurch kommt der rechte Bremskörper der Felge näher (Bremsklotz soll diese aber nicht berühren). Nun die Mutter im Kabelträger anziehen. Damit haben Sie eine provisorische Grundeinstellung vorgenommen.
4. Das Ende des Bremskabels wird in die Kabelaufnahme des linken Bremskörpers gefädelt. Ziehen Sie es soweit durch, daß der Kabelträger mittig über beiden Bremskörpern steht, und fixieren Sie es mit der Klemmschraube. Nun ist die Symmetrie hergestellt; beide Kabel gehen ungefähr rechtwinklig von den Zugarmen der Bremskörper weg.
5. Ausrichtung der Bremsschuhe: Von vorn gesehen, sollen sie parallel zur Felge stehen. Von der Seite gesehen, sollen sie in der Mitte der Felgenflanken anpacken. Von oben gesehen, sollen sie in Laufrichtung schräg ausgerichtet sein. Das heißt, vorn sich die Bremklötze dichter an der Felge als hinten. Dadurch zieht sich das Bremsgummi beim Anbremsen plan an die Felge.
6. Fertig ausgerichtete Bremsschuhe fixieren (mit Inbus gegenhalten, Mutter festziehen)
7. Feinstellung durch Justiermutter am Bremsgriff
8. Gleichmäßigen Biß der beiden Bremsbacken durch seitlichen Federkrafteinsteller zentrieren (2 mm Inbus)

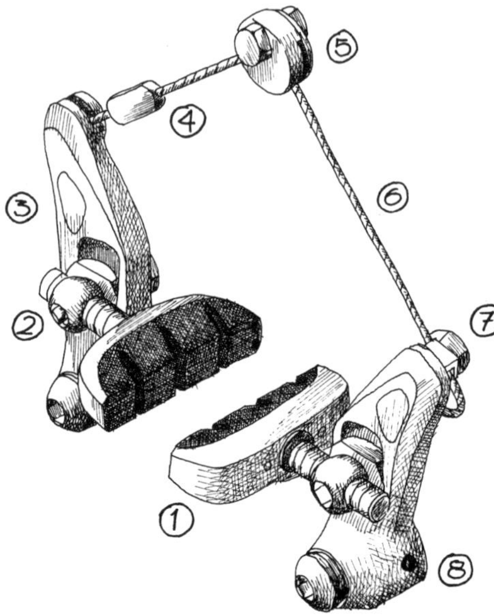

Cantileverbremse:
1 Bremsschuh
2 Bremsschuh-Halterung mit Inbus zum Gegenhalten und Mutter zum Fixieren
3 Bremskörper
4 längendefiniertes rechtes Zugkabel
5 Kabelträger mit Klemmschraube
6 Bremskabel
7 Klemmschraube am linken Bremskörper
8 Loch zur Einstellung der Federspannung

U-Brake

Die speziell für Mountain Bikes entwickelt Hinterrad-Felgenbremse wird ebenfalls auf Anlötsockeln montiert, aus Stabilitätsgründen unten am Tretlager. Ein Bügel (Booster) verbindet beide Bolzen miteinander und verhindert Verformungen der Hinterradgabel. Dieser Stopper hat eine hervorragende Wirkung, leidet aber unter seiner exponierten Stellung - hier fliegen Matsch und Dreck direkt in die Mechanik. Die Einstellung werden Sie mühelos aus den vorangegangenen Beschreibungen ableiten können.

Hydraulikbremse

Dem Hersteller Magura verdanken wir die Anwendung eines hervorragenden, bewährten Bremsprinzips auf das Velo. Hydraulikbremsen haben Schläuche anstelle von Kabeln. Die Bremsklötze werden durch Öldruck an die Felge geschoben. Es gibt Ausführungen für Normalräder, MTBs (Cantileversockel) und Rennräder.

Anders als bei allen anderen Bremsen gibt es bei den hydraulischen Stoppern keinen Reibungsverlust durch ungünstige Kabelführung! Die Wirkung ist folglich ausgezeichnet, auch die Dosierbarkeit läßt nichts zu wünschen übrig. Sind die Bremsklötze einmal abgefahren, ist das Nachstellen sehr einfach.

Hydraulikbremse Magura
Hydro-Stop

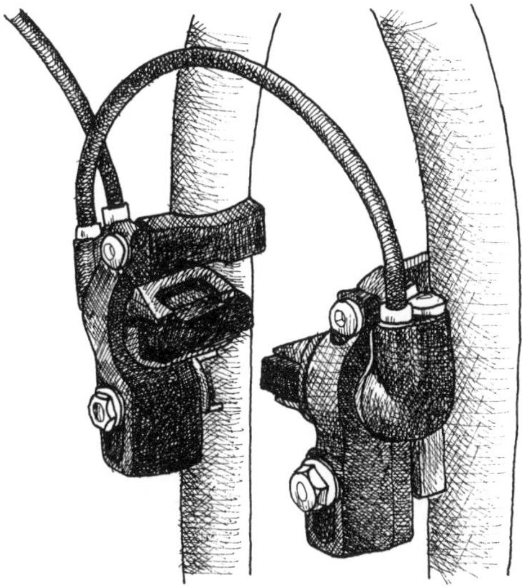

Rad ausbauen

Eine richtig eingestellte Felgenbremse verhindert eigentlich, daß man das Rad ohne weiteres herausnehmen kann. Dazu muß erst die Bremse entspannt werden (oder die Luft aus dem Reifen). Suchen Sie sich von den aufgeführten Möglichkeiten die einfachste aus.

1. Bremsbacken zusammendrücken, Kabelklemmschraube lösen
2. Bremsbacken zusammendrücken, Kabelverankerung aus dem Griff lösen
3. Mittelzugbremse: Bremsbacken zusammendrücken, Verbindungskabel aushaken
4. Schnellverschluß, das beste überhaupt - geht sekundenschnell.

Vorderrad

Es sieht schlicht und harmlos aus, das vordere Laufrad, aber es steckt eine Menge Technik darin und gut 100 Einzelteile. Aber keine Sorge, die meisten sind pflegeleicht. Bestandteile sind Reifen, Felge, Speichen und Nabe. Letztere gibt es mit Normal- und mit Hochflansch (der Flansch ist das Teil, in dem die Speichenköpfe verankert sind). Naben sind mit Vollachse oder als Schnellspanner-Ausführung zu haben. Letzteres ist eine patente Sache. Man legt nur einen Hebel um, und schwuppdiwupp fällt das Rad heraus. Um diesen Vorteil richtig auszunutzen, muß sich allerdings auch die Felgenbremse schnell lösen lassen, denn die muß zum Herausnehmen des Rades bekanntlich entspannt werden. Erstaunlicherweise sind Schnellspanner genauso stabil wie Vollachsen. Trotzdem gilt es zu überlegen, ob man die fixen Dinger wirklich braucht. Leichtgewichts-Fanatiker bevorzugen jedenfalls das konventionelle Modell.

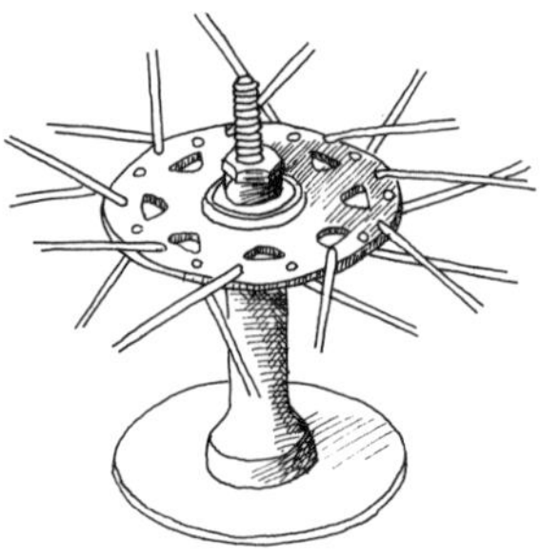

Hochflanschnabe

Schnellspanner gibt es für Vorderräder; für Hinterräder nur bei Kettenschaltung, in Normal- und Hochflansch-Ausführungen. Bestandteile: Eine Hohlachse, die Teile der Lagerung trägt (siehe ,,Kugellager") und eine in der

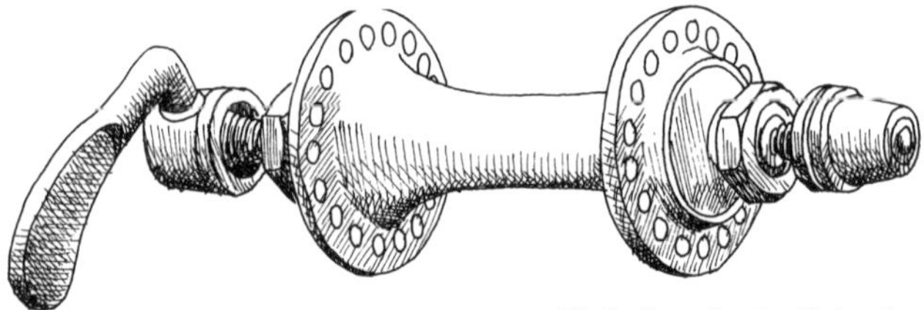

Niederflanschnabe (Schnellspanner)

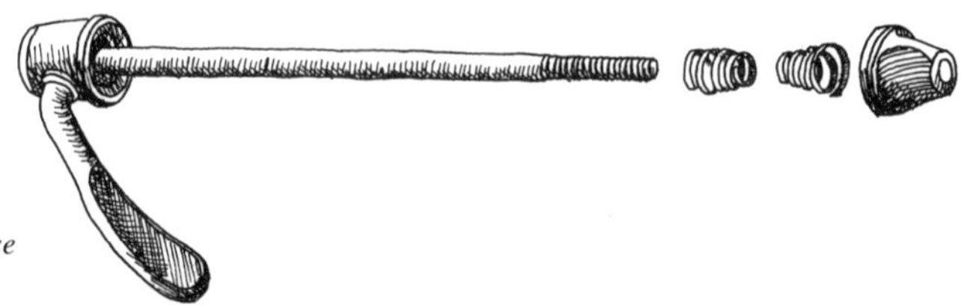

Spannachse

Hohlachse befindliche Spann-achse mit dem Verschlußmechanismus. Einige wenige Naben lassen sich auf Schnellspanner umrüsten.

Bei „Normalrädern" gibt es keine Schnellspanner, sondern Radmuttern. Dazu dienen einfache Sechskantmuttern, Hutmuttern (mit abgerundeter Haube, die Schmutz abhält und weniger Verletzungsgefahr bieten soll) und - gelegentlich bei Rädern biblischen Alters noch zu findenden - Flügelmuttern. Bei diesen ist meistens ein Zwischenring oder eine Riffelscheibe integriert. Flügelmuttern lassen sich theoretisch mit der Hand losdrehen. Wenn nicht, greifen Sie zur Wasserpumpenzange. Hammerschläge verbiegen oder brechen die Flügel. Für normale Achsmuttern wird der Schraubenschlüssel benötigt.

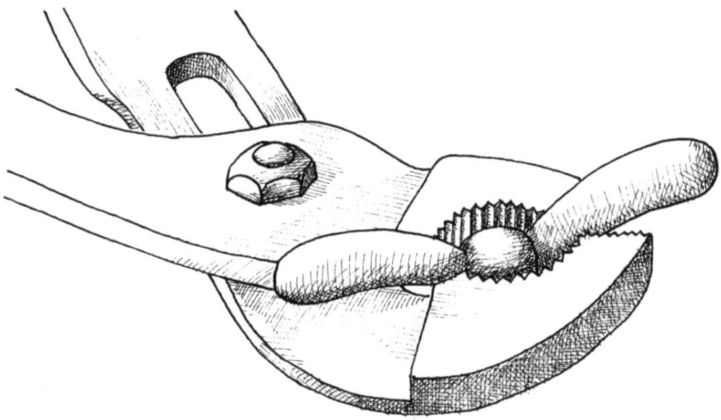

Flügelmuttern mit der Wasserpumpenzange lösen!

Problem: Vorderrad eiert

Irgendwo scheuert es oder schlägt an. Ein prüfender Blick: Sind die Radmuttern fest? Schleift wirklich das Rad und nicht etwa Bremse, Dynamo oder Schutzblech? Ursache ist entweder eine Deformierung der Felge (Kantstein-Bumping ...) oder unregelmäßige Speichenspannung.

Liegt's an der Felge? Ausbeulen lohnt sich nur bei einfachen Kastenfelgen (hochwertige Felgen sind zu stabil, um die Deformierung durch Reformierung aufzuheben). Es hat auch nur bei kleinen Dellen Sinn - sonst gleich für Ersatz sorgen.

Ausbeulen einer Kastenfelge

Schraubenschlüssel
Montiereisen
2 Hämmer
Zeit: 60 Min.

Bevor der Hammer dröhnt, bedenken Sie bitte: Die Felge erhält durch ihr Profil eine beträchtliche Stabilität. Wenn Sie die heile Felgenseite auf eine harte Unterlage legen und dann auf die andere eindreschen, wird das Resultat entweder rein akustisch oder endgültig destruktiv ausfallen. Wichtig ist, daß die Felgenflanke unmittelbar unter der Ausbeulung unterstützt wird.

Dazu:

1. Rad herausnehmen
2. Mantel, Schlauch und Felgenband abnehmen (siehe „Reifen“)
3. Hammer oder sonst ein Stück Metall, das möglichst genau in die Felge paßt, dort hineinlegen. Damit's richtig paßt, kann man von unten Blechstreifen hineinschieben oder etwas anderes unterlegen, bis der Felgenkasten an dieser Stelle stramm ausgefüttert ist. Nun das Rad so hinlegen, daß die unverbeulte Seite flach auf einer harten Unterlage aufliegt. Jetzt endlich kann der Hammer sprechen - aber sinnig!
4. Nach dem Ausbeulen wird das Rad in umgekehrter Reihenfolge komplettiert und eingebaut.

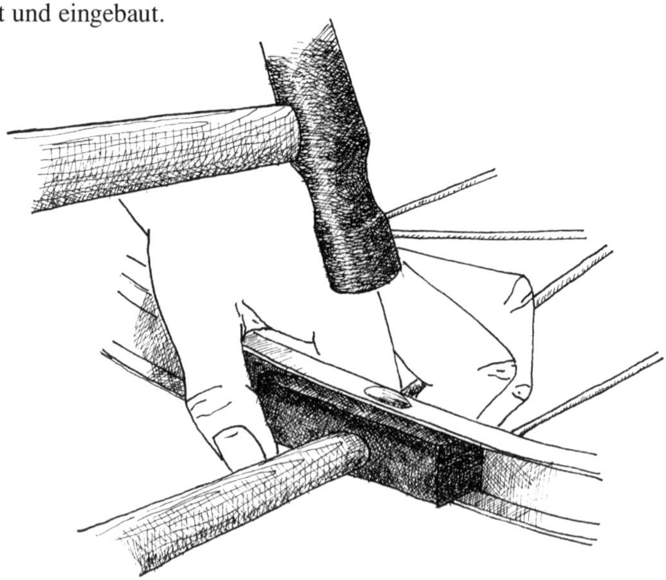

Zum Ausbeulen muß die Felge stramm ausgefüttert sein

Zeigt das eiernde Rad keine Blessuren, wird es an den Speichen liegen. Vielleicht fehlen welche, sind gebrochen oder geknickt? Ob Speichen locker sind, bekommt man durch systematisches Durchprüfen (an jeder Speiche rütteln) heraus. Sind alle Speichen vorhanden und heil, lesen Sie weiter unter „Unregelmäßige Speichenspannung"

Problem: beschädigte oder fehlende Speichen / Kauf

Schreiben Sie die technischen Daten auf, damit Sie auch passende Speichen bekommen:

1. Reifengröße in Zoll, steht auf dem Reifen, zum Beispiel 28"
2. Nabenmodell, Hochflansch- oder Normalnabe
3. Bei Hinterrädern wichtig: Angabe, ob Rücktritt- oder Gangschaltungsnabe (Typ?). Bei Kettenschaltungen muß außerdem angegeben werden, ob die Speichen für die rechte Seite (Zahnkranzseite) oder für die linke sein sollen. Auf der linken sind sie länger.
4. Dreifach oder vierfach gekreuzt?
5. Handelt es sich um normale, an einem Ende verdickte oder doppelt verdickte Speichen?

Wichtig: Kaufen Sie gleich 2-3 Speichen mehr, als Sie brauchen.

Speichen mit Speichenkopf, -gewinde und -nippel

Wie neue Speichen eingesetzt werden, läßt sich durch Betrachtung der schon (noch) vorhandenen Speichen herausfinden.

Kleine Speichologie

An der Felge sind die Speichenlöcher entweder ein- oder zweireihig angeordnet. Unabhängig davon führen sie immer abwechselnd zum linken und zum rechten Flansch.

Betrachten Sie jetzt, wie die Speichen beispielsweise auf dem rechten Flanschrand enden: Sie führen immer abwechselnd links und rechts an den Flansch. Das nennt man tangentiale Speichung im Gegensatz zur radialen, wie sie bei Kutschrädern und neuerdings wieder bei einigen speziellen Velo-Laufrädern vorkommen. Tangentialspeichen sind eine geniale Fahrraderfindung: Sie werden nämlich nicht auf Druck, sondern auf Zug beansprucht -

nur so ist es möglich, daß 36 filigrane Speichen die hohen Belastungen geduldig ertragen.

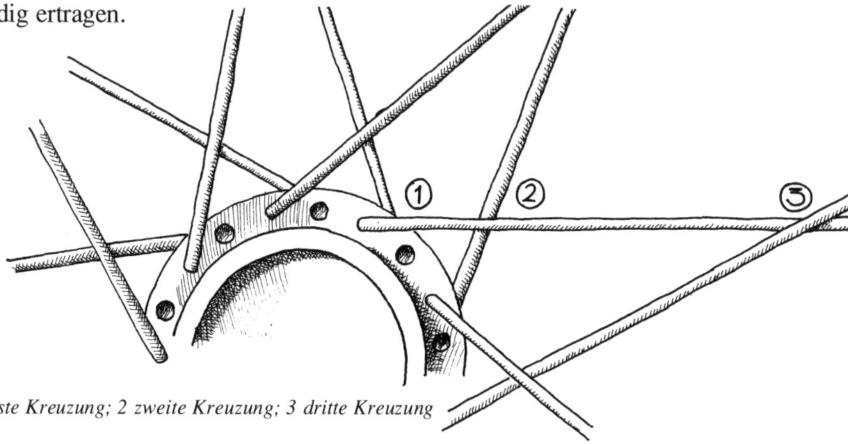

1 erste Kreuzung; 2 zweite Kreuzung; 3 dritte Kreuzung

Einziehen von Speichen

Speichenschlüssel
Zeit: mind. 45 Min.

1. Reifen, Schlauch und Felgenband abnehmen
2. Am Flansch erkennen Sie aus der Anordnung der anderen Speichen, ob der Kopf der neuen Speiche innen oder außen liegen muß. Entsprechend einfädeln
3. Liegt der Speichenkopf jetzt am Flansch an? Alle Speichen, deren Köpfe auf derselben Flanschseite herausgucken, fallen in dieselbe Richtung. Hieran läßt sich schon absehen, in welche Richtung die neue Speiche zeigen muß
4. Auf dieselbe Weise finden Sie heraus, wie sie gekreuzt wird, denn alle Speichen mit den Köpfen auf derselben Seite kreuzen auch gleich, entweder über die Gegenspeiche hinweg oder drunterdurch. Zum Kreuzen muß die neue Speiche leicht gebogen werden, aber ACHTUNG sehr vorsichtig - einen Knick bekommt man nicht wieder raus
5. Auch zum Einführen des Gewindeendes in das Felgenloch muß die Speiche gebogen werden
6. Speichennippel aufdrehen (anfangs mit Schraubenzieher), von außen mit Speichenschlüssel weiter anziehen
7. Ragt das Speichenende jetzt keck hervor, wird es später wahrscheinlich den Schlauch löchern. Also kneifen Sie zu lange Enden ab oder kürzen sie mit der Puksäge

8. Felgenband auflegen, um Nippel und Speichenenden zu verdecken
9. Reifen montieren (siehe „Reifen“)

Problem: unregelmäßige Speichenspannung

Speichenschlüssel
Kreide
Zeit: mind. 30 Min.

1. Rad auf Sattel und Lenker stellen
2. Halten Sie ein Stück Kreide dicht neben den Reifen, während Sie das Laufrad in Drehung versetzen ... und jetzt noch ein Stück dichter. Jetzt kommt's: Das Rad wird dort, wo es wegen der ungleichmäßigen Speichenspannung ausschlägt, die Kreide berühren. (Wenn der Reifen fast überall berührt, machen Sie den Test von der anderen Seite). Nun haben Sie eine brauchbare Markierung und können den Fehler lokalisieren
3. Er besteht darin, daß die Speichen auf der anderen Seite des Reifens - gegenüber der Kreidemarkierung - zu locker sind. Ziehen Sie sie mit dem Speichenschlüssel an - aber nur wenig! - und überprüfen Sie erneut
4. Nachspannen geht sehr schwer? Speichen auf der Seite der Markierung sehr straff? Dann lockern Sie letztere minimal und kontrollieren sie erneut

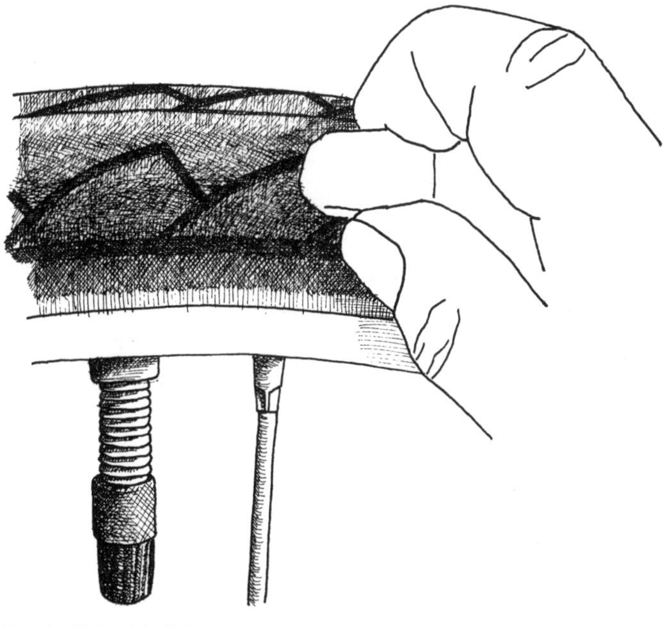

So wird der Seitenschlag der Felge lokalisiert

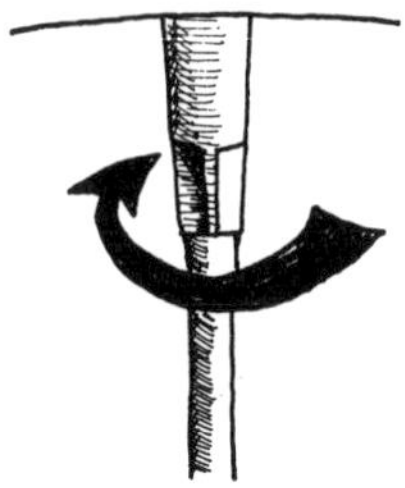

Speiche wird durch Drehen in Pfeilrichtung gespannt

Läuft das Rad wieder rund? Noch nicht ganz? Macht nichts, denn Zentrieren ist eine der schwierigsten Arbeiten am Velo. Entscheiden Sie selbst, ob die Verbesserung ausreicht. Es ist nicht besonders teuer, ein Laufrad in der Werkstatt zentrieren zu lassen.

Vielleicht trauen Sie sich jetzt zu, zur vorhandenen Nabe eine neue Felge mit Speichen zu kaufen (oder umgekehrt), um ein Rad selbst einzuspeichen. Das ist tatsächlich gar nicht so schwer - die Anleitung steht am Ende dieses Kapitels.

Problem: Vorderrad hat Spiel (schlackert hin und her)
Sind die Radmuttern fest? Dann muß das Lagerspiel eingestellt werdem

Einstellen der Radnabe

Schraubenschlüssel
Konusschlüssel
Zeit: 20 Min.

Da der rechte Konus oft als Festkonus ausgebildet ist, reicht es in der Regel aus, die Einstellarbeit auf die linke Nabenseite zu beschränken. Nur wenn der rechte Konus locker ist, wird er genauso wie der linke eingestellt.

1. Rad herausnehmen (Unterleg- oder Riffelscheiben o.k.?)
2. Legen Sie das Rad mit der linken Seite nach oben vor sich hin. Die Gewindestange, die aus der Nabe ragt, ist die Achse. Auf ihr sehen Sie eine flache Sechskantmutter, die Kontermutter (3). Darunter einen Zwischenring (2). Darunter den Konus (1), der nicht sechskantig ist, sondern rund mit zwei Ansatzflächen für den Schraubenschlüssel. Ihrer hat gar keine Ansatzflächen? Dann drehen Sie das Rad herum - Sie haben den rechten statt des linken Konus vor sich. Den Konus gilt es nun festzuhalten. Dazu brauchen Sie einen flachen Maulschlüssel: den Konusschlüssel.
3. Konus festhalten, Kontermutter mit dem Schraubenschlüssel lösen. Achse dreht mit? Rostlöser aufsprühen und
   - rechten Konus festhalten (Konusschlüssel, Wasserpumpenzange)
   -Kontermutter auf der linken Seite lösen (Schraubenschlüssel)
4. Drehen Sie den Konus an, bis das Rad nur noch schwer dreht
5. Ganz wenig losdrehen. Rad soll leicht laufen, aber kein Spiel in der Nabe haben

6. Konus in dieser Stellung mit Konusschlüssel festhalten, Kontermutter fest dagegenziehen. Rad dreht schwer? Dann die Zeremonie noch einmal wiederholen (siehe. „Kugellager")

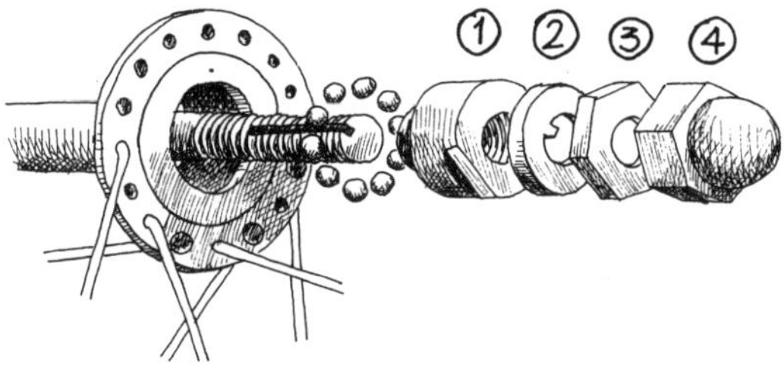

Laufradachse:
1 Konus
2 Zwischenring
3 Kontermutter
4 Achsmutter (Hutmutter)

Wenn die Nabe auch nach dem Einstellen noch Spiel hat, muß der rechte Konus ebenfalls justiert werden, weil er sich verstellt hat.

Problem: Vorderrad knackt

Es knirscht, mahlt und dreht schwer - der Pedalhirsch hört sich an wie eine Kaffeemühle. Hier ist das Innenleben erheblich gestört; die Nabe muß überholt werden.

Zerlegen des Vorderrades

Schraubenschlüssel
Konusschlüssel
Schraubenzieher
Zeit: 15 Min.

1. Legen Sie ein ausgedientes, sauberes Leibchen auf den Boden (altes Smokinghemd geht auch). Auf einem hellen Tuch sieht man nachher die Einzelteile besser. Hierauf wird alles in der Reihenfolge der Demontage ausgelegt
2. Kontermutter und Konus wie beschrieben lösen
3. Konus ganz herausdrehen
4. Das Rad befindet sich immer noch auf dem Tuch? Heben Sie es soweit an, daß Sie die Achse von der Unterseite her aus der Nabe ziehen können
5. Mit dem Schraubenzieher vorsichtig den Staubschutzdeckel abhebeln
6. Vor Ihren Augen nun das Mysterium des Kugellagers. Herausgefallene Kugeln liegen (hoffentlich) auf dem Tuch. Vorsichtig, es sind scheue Gesellen. Sie versuchen gerne, sich dem Blick der Menschen zu entziehen. Darum: nachzählen und in einen Behälter tun

7. Die Lager werden gemäß der Anleitung im Kapitel „Kugellager" gereinigt und inspiziert. Alle beschädigten Teile gehen in Rente. Beim Kauf neuer Kugeln gleich ein paar mehr zur Reserve mitnehmen

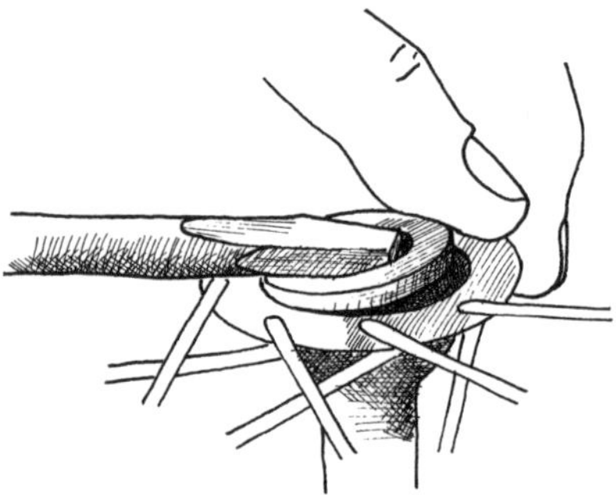

Der Staubschutzdeckel wird vorsichtig abgehebelt

Zusammenbau der Vorderradnabe

Konusschlüssel
Schraubenschlüssel
Zeit: 30 Min.

1. Kugeln einlegen. Bei Kugelkäfigen zeigt die offene Seite zum Konus, die geschlossene zur Lagerschale
2. Staubschutzdeckel einsetzen
3. Halten Sie das Rad waagerecht vor den Bauch. Die Achse mit dem schon befestigten Konus wird vorsichtig von oben in die Nabenhülse gesteckt, so daß der Konus gegen die Kugeln zu liegen kommt. Die können jetzt nicht herausfallen, denn sie werden durch das Gewicht von Achse und Konus in Schach gehalten. Aber wehe, wenn Sie das Rad jetzt spontan umdrehten...
4. Sie halten das Rad (immer noch vor dem Bauch) mit einer Hand fest, und zwar an den Speichen dicht bei der Nabe
5. Die andere Hand ergreift von unten das Achsende und zieht leicht nach unten
6. Nun das Rad heraumdrehen, wobei das offene Achsende - also das, bei dem noch kein Konus aufgeschraubt ist - angezogen wird
7. Das Rad liegt jetzt umgekehrt auf dem Boden, ohne daß eine Kugel herausgefallen ist. Sauber! Jetzt werden die Kugeln durch das Gewicht des ganzen Rades zwischen Konus und Lagerschale gehalten
8. Weiterer Zusammenbau und Einstellen siehe „Kugellager"

Einstellen des Schnellspanners Zeit: 5 Min.

1. Rad steht auf Sattel und Lenker
2. Hebel in Auslösestellung
3. Stellmutter (Flügelschraube) am anderen Ende so einstellen, daß sie eben den Rahmen (die Gabel) berührt
4. Beim Festklemmen mit dem Hebel sollen die geriffelten Auflageflächen fest anpacken und das Rad unverrückbar in seiner Lage halten.

Problem: „Acht“ im Rad

Richten eines verbogenen Laufrades

Dies ist ein kleiner Trick, um verblüffend schnell eine „Acht“ aus dem Rad verschwinden zu lassen. Funktioniert allerdings nur, wenn Felge und Spei-

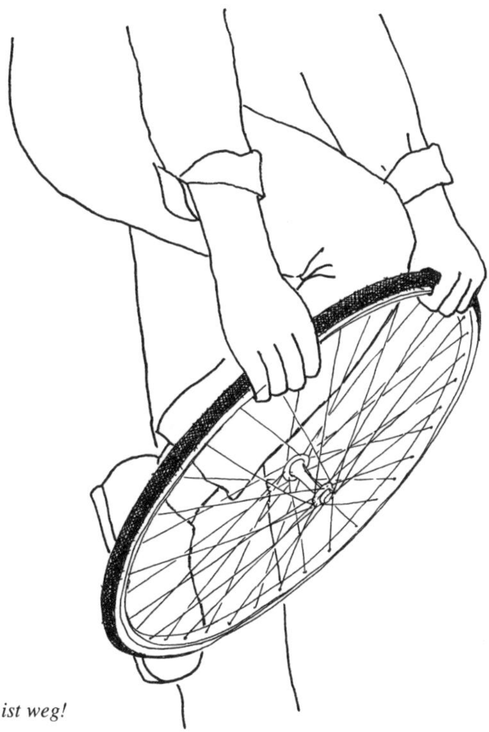

Ein kräftiger Ruck - und die Acht ist weg!

chen nicht uralt sind. Ansonsten ist die Materialermüdung meist schon so weit fortgeschritten, daß eine zweite kräftige Verformung den endgültigen Kollaps bewirkt.

1. Halten Sie das ausgebaute Laufrad mit Händen fest. Die größte Ausbeulung liegt kurz unterhalb der Kniescheibe; der ausgestreckte rechte Fuß dient als Widerlager und hält das Rad unten
2. Ziehen Sie die Felge mit einem kräftigen Ruck beider Hände zu sich hin. Wenn es klappt, springt die Felge mit einem *Klack* in die Ausgangsposition zurück. Wenn nicht, springt Ihre Kniescheibe mit einem *Knack* aus der Grundposition heraus.
   Möge diese Übung gelingen!

Laufrad einspeichen

Sie wollen die Nabe behalten, aber eine neue Felge montieren. Oder die Felge behalten und eine Trommelbremse einbauen. Oder den Satz Rostspeichen gegen zeitgemäßes Material austauschen. Vergewissern Sie sich zuerst, daß

– Nabe und Felge die gleiche Anzahl Speichenlöcher haben (meist 36, aber auch 32 und 40)
– die Speichen die richtige Länge haben. Am einfachsten interviewt man dazu den Händler, der über die entsprechenden Tabellen verfügt

Einspeichen

Nippelspanner
(= Speichenschlüssel)
Zeit: Stunden...

1. Nehmen Sie das frische Speichenbündel in die Hand und stoßen Sie es auf den Tisch auf. So erkennt man sofort, ob zu lange oder zu kurze Speichen dabei sind
2. Nabe senkrecht halten, am oberen und unteren Flansch in jedes zweite Loch eine Speiche fallen lassen

In jedes zweite Loch kommt eine Speiche

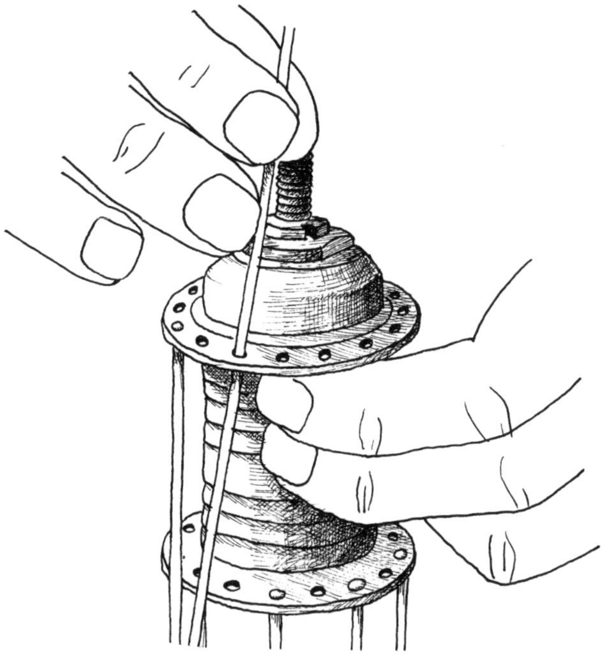

3. Drehen Sie die Nabe um. Sie steht immer noch senkrecht, aber die eingesteckten Speichen haben jetzt die Köpfe unten. Sie stehen waagerecht ab.

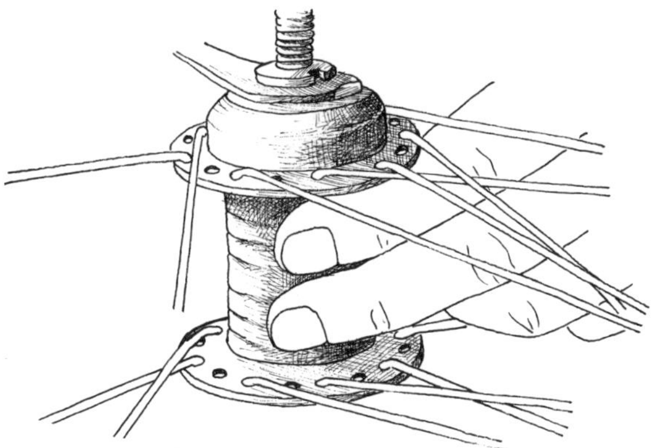

Ist die Nabe umgedreht, stehen die Speichen waagerecht

4. Jetzt lassen Sie von oben in die noch freien Löcher Speichen hineinfallen; und zwar erst in den unteren, dann in den oberen Flansch. Jetzt sind alle Löcher mit Speichen versehen.

5. Nun die Felge her. Halten Sie die Nabe waagerecht. Die Speichen fallen nach links oder rechts oder hängen nach unten. Nehmen Sie eine Kopfspeiche A (also eine Speiche, deren Kopf Ihnen zugewandt ist) und stecken Sie das Gewindeende durch irgendein Felgenloch (es muß aber eins auf Ihrer Seite sein). Speichennippel von Hand leicht aufdrehen.

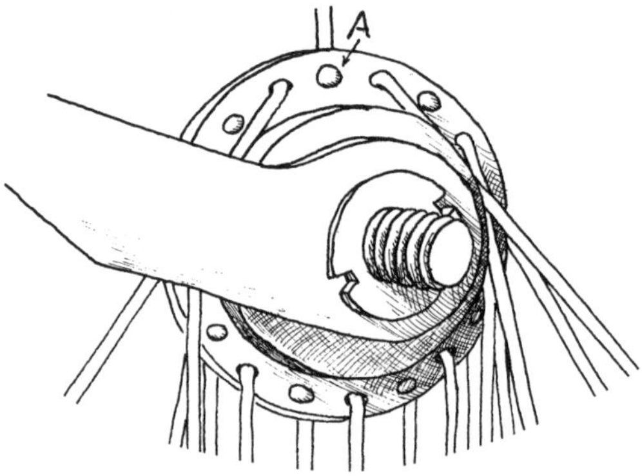

Die Nabe steht waagerecht
A Kopfspeiche

6. Zählen Sie nach rechts die dritte Rückenspeiche ab. Führen Sie sie hinter der schon befestigten Kopfspeiche vorbei und stecken Sie sie ins nächste Felgenloch auf Ihrer Seite.

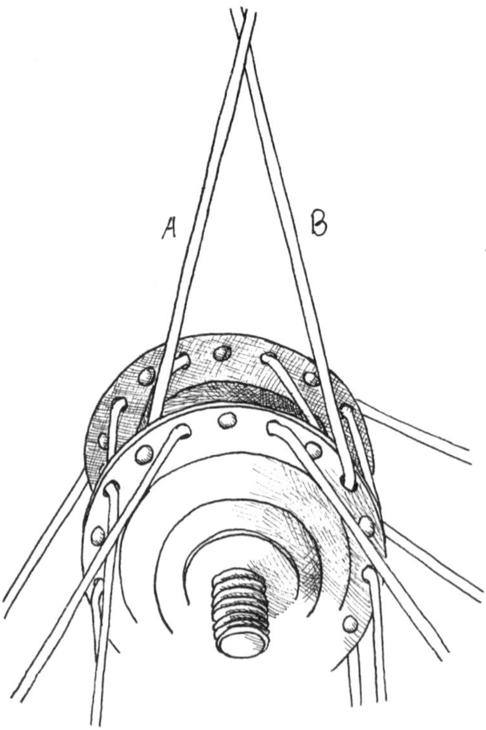

Die dritte Rückenspeiche (nach rechts gezählt) wird hinter der schon befestigten Kopfspeiche vorbeigeführt
A Kopfspeiche
B Rückenspeiche

7. Nachdem die Speichen A und B sitzen, geht es im Uhrzeigersinn weiter. Sie ergreifen, rechts fortschreitend, die nächste Kopfspeiche (C). Festhalten und über die von hier aus dritte Rückenspeiche (D) kreuzen (nach rechts gezählt). Diese Rückenspeiche kommt jetzt ins nächste Felgenloch (im Uhrzeigersinn, auf Ihrer Seite); Nippel leicht aufdrehen. Die davor ergriffene Kopfspeiche geht anschließend in die Felge und so geht es weiter, bis alle Speichen dieser Seite mit den Nippeln in der Felge gehalten werden.

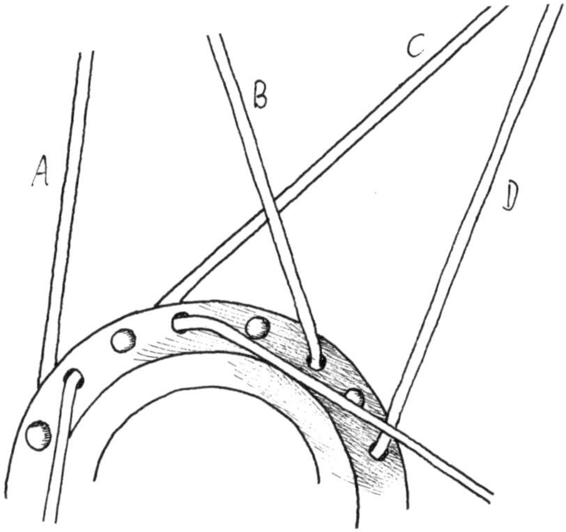

Plazieren der dritten und vierten Speiche

8. Rad herumdrehen; die Nabe bleibt waagerecht. Die Speichen des vor Ihnen liegenden Lochkranzes sind alle noch nicht in der Felge. Den folgenden Vorgang nennt man Schießen. Sie nehmen eine Rückenspeiche und schieben sie genau parallel zur Achse (Nabe) zum gegenüberliegenden Flansch hinüber. Ihr Kopf E wird dort auf einen Speichenkopf F treffen oder gleich links daneben.

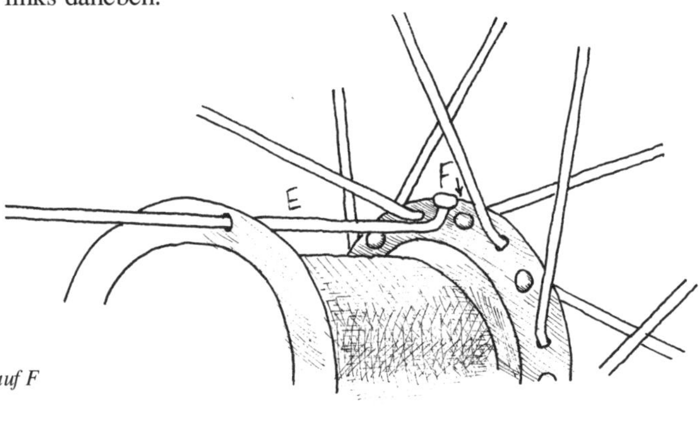

Schießen: E trifft auf F

Verfolgen Sie die Speiche, deren Kopf getroffen wurde, bis an die Felge, und setzen Sie die zum Schießen benutzte Speiche in das links danebenliegende freie Loch ein. HALT: Vorher legen Sie noch die beiden nächsten Kopfspeichen rechts davon nach links hinüber, dann müssen sie nachher nicht gebogen werden.

9. Sie hatten jetzt eine Rückenspeiche. Nun zählen Sie nach rechts die dritte Kopfspeiche ab, lassen sie nach links über die Rückenspeiche kreuzen und führen sie in die Felge ein. So geht es weiter, bis alle Speichen auch auf dieser Seite in der Felge sind.
10. Von Hand werden nacheinander alle Nippel soweit angedreht, daß nur noch drei Gewindegänge zu sehen sind. Hoppla - bei den letzten Speichen ist das gar nicht mehr möglich? Dann müssen Sie die ganze Prozedur rückgängig machen und alle Nippel nur bis auf vier Gewindegänge anziehen. Sinn der Sache ist es, schnell und vor allem gleichmäßig eine vorläufige Spannung zu erreichen, ohne dazu ein Werkzeug zu benutzen.
11. Legen Sie die Felge auf drei oder vier gleichhohe Unterlagen (in der Abbildung sind es vier Schubladen). Nun stellen Sie sich mit beiden Füßen auf die Speichen und gehen einmal im Kreis herum, vorsichtig und mit kleinen Schritten. Dadurch kommt Spannung auf die Schraubverbindung zwischen Speiche und Nippel, das Gewinde „setzt sich" und der Speichensitz wird etwas lockerer. Mit diesem Vorgang nehmen Sie klugerweise vorweg, was sonst später beim Fahren mit dem neu eingespeichten Rad passieren würde, und vermeiden späteres Nachspannen.

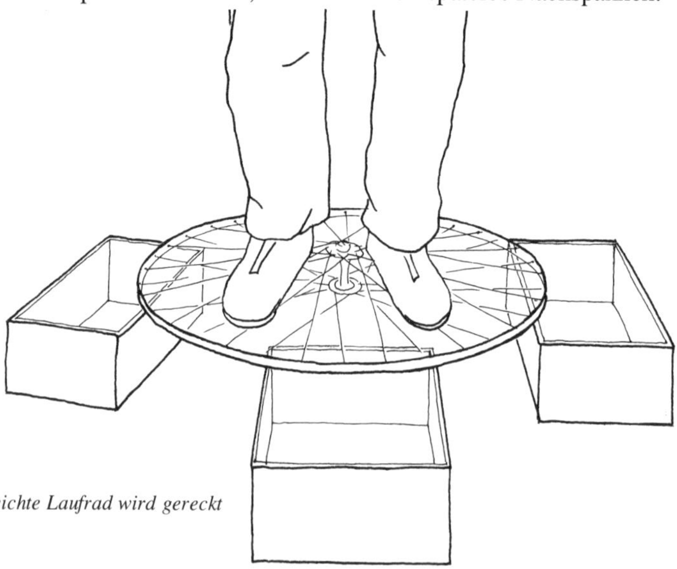

Das eingespeichte Laufrad wird gereckt

12. Drehen Sie nacheinander alle Nippel mit dem Schlüssel soweit an, daß nur noch ein Gewindegang zu sehen ist (das gilt, wenn von Hand bis auf drei Gewindegänge angezogen wurde; andernfalls lassen Sie auch bei der Arbeit mit dem Werkzeug einen oder zwei Gänge mehr stehen).
13. Wenn keine Zentrierlehre vorhanden ist, kann man das Fahrrad auf Sattel und Lenker stellen und die Vorderradgabel als provisorische Zentriereinrichtung benutzen (wie beim Nachjustieren eines eiernden Laufrades).
14. Sie lassen das Rad rotieren und stellen dabei den größten Ausschlag auf einer Seite fest. Gleichen Sie ihn dann aus durch behutsames Anziehen der beiden nächststehenden Speichen auf der gegenüberliegenden Seite (nie mehr als eine Umdrehung zur Zeit, dann wieder überprüfen). Sollten diese beiden Speichen bereits sehr straff gespannt sein, können die beiden Nachbarspeichen auf der Seiten der Ausbeulung minimal gelockert werden.
15. Nach dem Ausgleichen dieser Unregelmäßigkeit nehmen Sie sich den größten Ausschlag auf der anderen Seite vor und verfahren solange so weiter, bis das Rad rund läuft.
16. Eine Kontrollmöglichkeit: Speichen nacheinander anzupfen wie Gitarrensaiten. Wenn's monoton klingt, haben Sie eine gleichmäßige Spannung. Melodische Klangfolgen dagegen machen ein Nachzentrieren erforderlich.

Reifen

Früher rumpelten sie auf eisenbeschlagenen Holzrädern über's Pflaster - heut fährt es sich komfortabler, ob auf Stollenpneus durchs Gelände oder auf lautlos rollenden Feingummiwürsten über den Asphalt. Um 1868 versuchte man immerhin schon, Gummistreifen auf die Felge zu nageln. Diese Konstruktion wurde emsig verbessert und ab 1873 waren Vollgummireifen in hohlen Stahlfelgen en vogue. Zum Reparaturzeug des Radlers gehörten Lederband zum Festbinden und „rubber cement" zum Aufkitten von abgelöstem Reifengummi. Den luftgefüllten Reifen hat der irische Tierarzt Dunlop entdeckt, als er 1888 zum Spaß ein zugebundenes Stück Gartenschlauch um die Felgen am Dreirad seines Sohnes band. Er hat's komisch gefunden, und das Patent mußte man ihm förmlich aufdrängen. Die Vorteile der pneumatischen Reifen sind bekannt; ich möchte Sie mit ihren Nachteilen vertraut machen.

Der Reifen besteht aus Mantel (Decke) und Schlauch. Der Ventilstutzen ist in den Schlauch eingearbeitet und kann nicht ausgetauscht oder entfernt werden. Der Schlauch wird durch ein Felgenband aus Gummi (Klebeband geht auch) vor den Speichennippeln geschützt. Der Mantel als Schutz nach außen wird von zwei federnden Draht- oder Kunststoffringen in den Felgen gehalten (daher auch die Bezeichnung „Drahtreifen"). Wenn der Reifen mal platt ist. heißt das noch nicht, daß ein Loch im Schlauch ist. Werfen Sie zuerst mal einen Blick auf das

Ventil

1. Überwurfmutter fest aufgedreht? Wenn nicht, war das der Grund
2. Spucketest: Finger mit Spucketropfen auf's Ventil tippen. Wenn's schmurgelt wie Maigrets Pfeife, läßt es Luft
3. Überwurfmutter abnehmen, Ventil herausziehen

<u>Schlauch- oder Dunlopventil (Normalräder)</u>

Der kleine Schlauch muß vom Wulst bis übers Ventilende reichen und darf weder brüchig sein noch Löcher haben. Bevor Sie ein neues Ventilgummi aufschieben (Talkum draufpudern), testen Sie mit einer Nadel, ob das Loch nicht verstopft ist. Ich würde allerdings raten, gleich Blitzventile zu kaufen. Zwei für die Räder und eins als Reserve.

Blitz- oder Patentventil (Normalräder)
Nehmen Sie das Gewindeende in den Mund. Versuchen Sie, Luft hindurchzupusten und zu saugen (frei nach Loriot: Es saugt und bläst der Heinzelmann...). Pusten muß gehen, ansaugen darf nicht. Nehmen Sie das andere Ende zwischen die Lippen. Ganz sachte durchblasen. Geht nicht? Gut, das Ventil ist heil.

Auto- oder Schraderventil (Mountain Bikes)
Pumpen Sie bei eingebautem Ventil den Reifen auf. Luft darf nur kommen, wenn der Ventilnippel eingedrückt wird.

Sclaverand- oder Prestaventil (Rennräder)
Pumpen Sie bei eingebautem Ventil den Reifen auf. Luft darf nur kommen, wenn die Kontermutter losgedreht ist und der Nippel hinuntergedrückt wird.

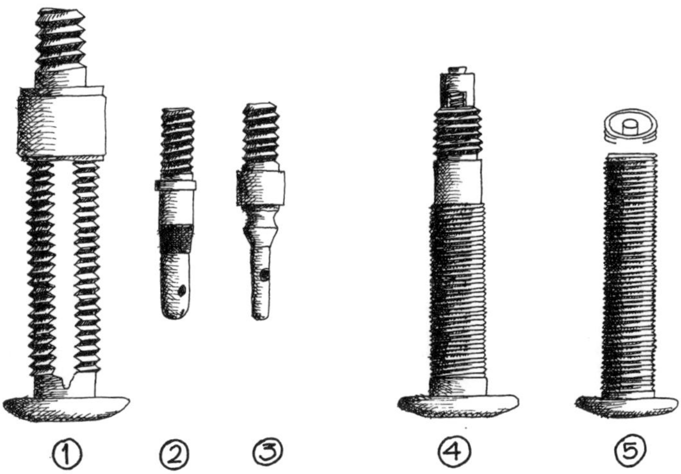

Ventile:
1 Stutzen und Überwurfmutter Typ Dunlop
2 Blitzventil (für Dunlop-Stutzen)
3 Dunlopventil (abgebildet ohne Gummi)
4 Sclaverandventil
5 Schraderventil (Autoventil)

Wenn's nicht am Ventil liegt, ist ein Loch im Schlauch. Es kann nichts schaden, erstmal den Reifen von außen zu inspizieren. Vielleicht steckt die Glasscherbe oder das Wurfmesser noch drin und zeigt den Tatort an. Nehmen wir aber an, der Schaden ist von außen nicht festzustellen:

Der klassische Reifenflick

Schraubenschlüssel
Montiereisen
Flickzeug
Zeit: 15-40 Min.

1. Rad ausbauen (siehe „Hinterrad“, „Kettenschutz“)
2. Überwurfmutter abschrauben, Ventil herausnehmen, Rändelmutter abdrehen

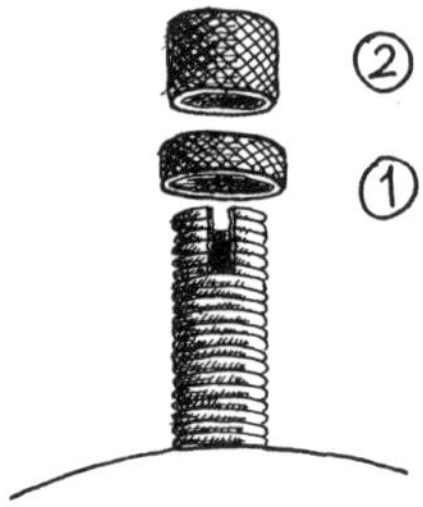

Ventilmuttern:
1 Rändelmutter, hält den Stutzen im Felgenloch
2 Überwurfmutter, hält das Ventil im Stutzen

3. Mantel seitlich zusammendrücken

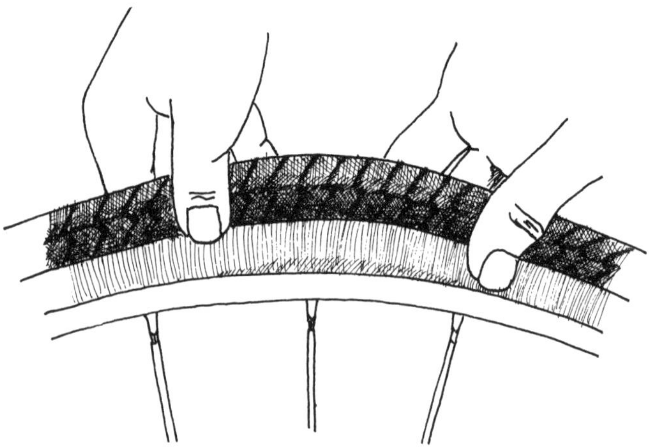

Mantel zusammendrücken

4. Wenn der Mantel nicht nagelneu ist, kann er oft ohne jedes Werkzeug entfernt werden. Versuchen Sie gar nicht erst, den Mantel insgesamt hochzuheben (Methode „Kung-Fu-Kralle“). Es geht nur, wenn man ihn gleichzeitig oben auf dem Profil und an einer Seite anpackt und hochzieht.

5. Klebt der Reifen so fest auf der Felge wie ein Minister auf dem Stuhl, so muß der Reifenheber sprechen. Unter den Felgendraht schieben, den Mantel über den Felgenrand hebeln und den Reifenheber mit dem Schlitz in einer Speiche einhaken. WICHTIG: Nicht zu tief unter den Mantel greifen, man könnte den Schlauch erwischen. Anstelle des Reifenhebers tut es natürlich auch ein Löffelstiel; mit Schraubenziehern muß man allerdings höllisch aufpassen, um nicht den Schlauch zu perforieren.

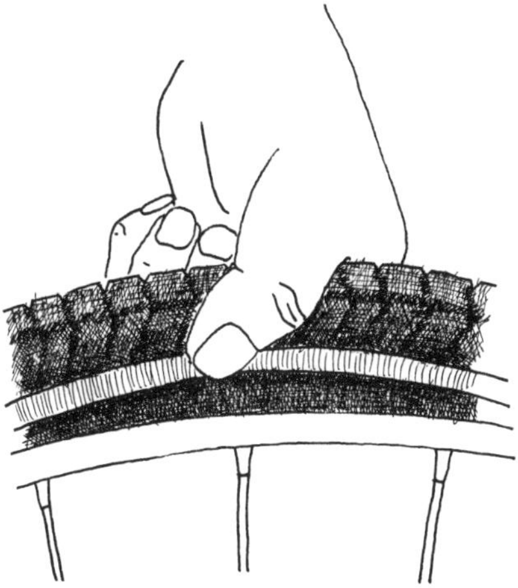

Mantel hochziehen

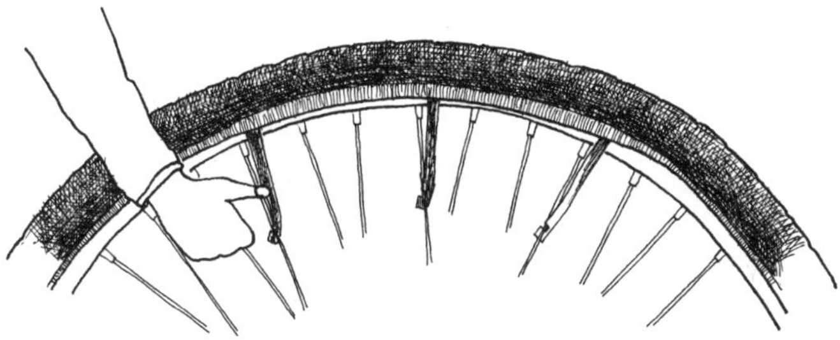

Einsatz der Reifenheber

6. Etwa eine Handspanne entfernt zweiten Reifenheber ansetzen und hebeln. Dito mit dem dritten.
7. Mit der Hand rund um's Rad herum senkrecht auf den Reifen drücken. Der Reifen kommt dadurch überall mit dem Draht von der Felge herunter. Geht es so nicht, ziehen Sie das zweite Montiereisen nach dem Hebeln einmal im Kreis herum.

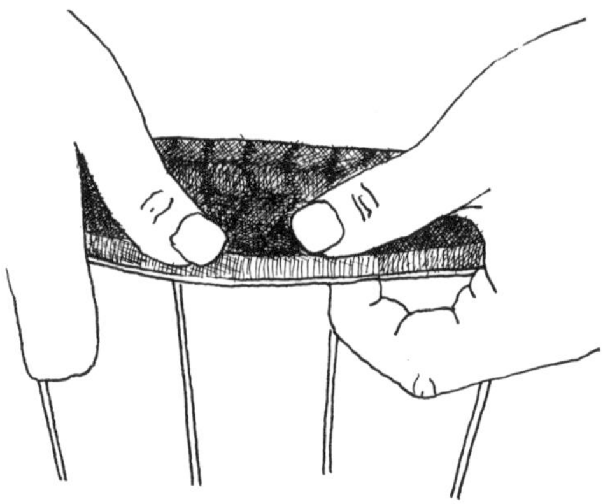

Reifen von der Felge drücken

Schlauch herausziehen

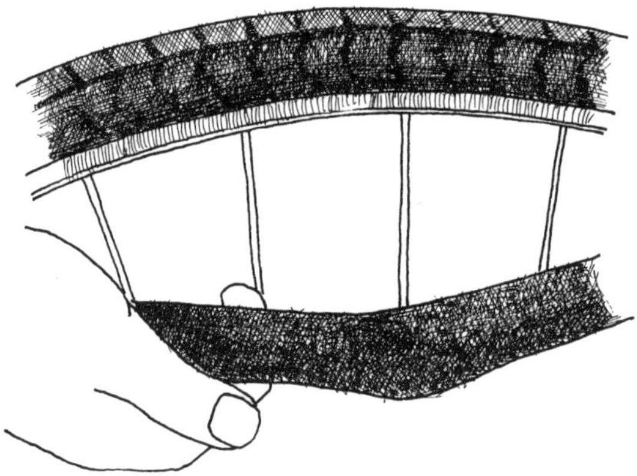

8. Schlauch herausziehen, Ventil mit Überwurfmutter wieder einbauen und aufpumpen.
9. Manchmal verrät sich das Loch schon jetzt durch ein kobramäßiges Zischen oder durch den feinen Luftstrahl, den man mit den Lippen gut wahrnehmen kann. Es lohnt sich aber nicht, deswegen den Schlauch abzuküssen:
10. Schlauch langsam durch eine Schüssel mit Wasser drehen. Wo Luft herausperlt, mit einem Bleistiftkreuz markieren.
11. Schlauch trocknen, Luft herauslassen, Ventil entfernen.

12. Gegend um das Loch herum mit Sandpapier oder Reibe aufrauhen. Vulkanisierungsmittel aufstreichen und in Ruhe lassen, bis es vollständig berührtrocken ist (etwa eine Zigaretten- beziehungsweise Müsliriegellänge).
13. Weiße Schutzschicht vom Flicken abziehen, Flicken auflegen und auf glatter Unterlage kurz und kräftig festklopfen.

An Ihrer Stelle würde ich vor der Montage den Mantel gründlich untersuchen.
- Steckt noch ein Fremdkörper drin? Nach seiner Entfernung muß das Loch, wenn's nur ein kleines ist, mit Klebeband kreuzweise überdeckt werden (... Sie können mich mal kreuzweise)
- Größere Löcher oder Risse, durch die der Schlauch wie eine Kaugummiblase herausquillt? Behelfsweise unterlegtes Plastik hält in der Regel bis zum nächsten Fahrradgeschäft.
- Kullern Steinchen oder Sand im Mantel herum? Das würde heißen, er ist brüchig und porös.
- Draht geknickt, durchgerostet, gebrochen?
- Mantel einseitig abgefahren? (siehe „Bremsen", „Dynamo")

Wenn der Mantel löchrig oder porös ist, haben Sie die Wahl: entweder einen neuen kaufen oder eine Generationspackung Flickzeug. Notieren Sie zum Kauf des neuen Mantels die Bezeichnung auf dem alten.

Montage des Reifens
1. Felgenband unversehrt? Sonst erneuern
2. Etwas Talkum ist die beste Kosmetik für Felgenband, Schlauch und Mantel
3. Ziehen Sie den Mantel mit einer Seite (einem Draht) auf die Felge
4. Ventilstutzen durch das Loch in der Felge stecken. Rändelmutter lose aufdrehen. Ventil hinein und Überwurfmutter festdrehen
5. Vier bis fünf Pumpstöße, damit der Schlauch sich etwas füllt
6. In diesem Zustand kann er leicht unter den Mantel geschoben werden. Steht der Ventilstutzen senkrecht?
7. Andere Mantelseite wird mit beiden Händen auf die Felge gezogen. Eventuell mit Reifenheber nachhelfen

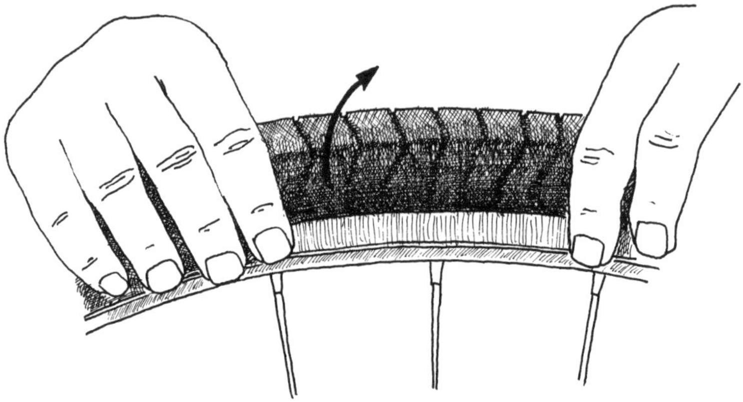

Mantel mit beiden Händen auf die Felge ziehen

8. Rändelmutter am senkrechtstehenden Ventilstutzen festdrehen
9. Reifen halb aufpumpen und durch kräftige Massage überprüfen, ob Schlauch ohne Verdrehungen drinliegt. Dann so stramm aufpumpen, daß sich der Reifen mit dem Daumen kaum noch eindrücken läßt

Reifenflicken bei eingebautem Rad

Reifenheber
Flickzeug
Zeit: 15-25 Min.

Wenn Sie wissen, wo sich das Loch befindet, muß das Rad zum Flicken nicht ausgebaut werden. Sie drehen es so, daß die Schadensstelle gut erreichbar ist. Hebeln Sie nur dort den Mantel ab, ziehen den Schlauch heraus und flicken Sie wie oben beschrieben. Nicht vergessen, den spitzigen Übeltäter aus dem Mantel zu entfernen!

Reifenflicken bei Hollandrädern

Den Besitzern von Hollandrädern mit geschlossenem Kettenkasten gilt mein tiefes Mitleid - bei einem platten Hinterreifen beginnt ihr Martyrium. (Siehe Bibel: Wer den Kettenschutz gebraucht, wird durch den Kettenschutz umkommen). Das umständliche Gefummel (siehe auch „Kettenschutz", „Hinterrad") läßt sich umgehen durch eine Gabelaufspreizzange, mit der Sie das linke Ausfallende soweit von der Nabe wegdrücken können, daß Mantel und Schlauch dazwischen herausgezogen werden können. Dieses Werkzeug ist allerdings schwer zu bekommen; es wird hergestellt von ElDi-Werkzeug in Remscheidt-Lüttringhausen.

Tip: Ventile klausicher einbauen

Manche Spaßvögel klauen Fahrradventile. Polizei und Justizbehörden sind bei der Ahndung solcher Delikte bemerkenswert zurückhaltend. Besser also, Sie beugen vor. Drehen Sie eine zweite Rändelmutter auf den Ventilstutzen auf, aber nicht fest. Nachdem das Ventil eingesetzt und mit der Überwurfmutter festgezogen ist, drehen Sie die zweite Rändelmutter wieder hoch. Überwurf- und Rändelmutter werden gekontert, also fest gegeneinandergedreht (Zange). Aber nur eben so fest, daß von Hand nichts mehr losgeht. Bei zu festem Kontern platzt der dünnwandige Ventilstutzen.

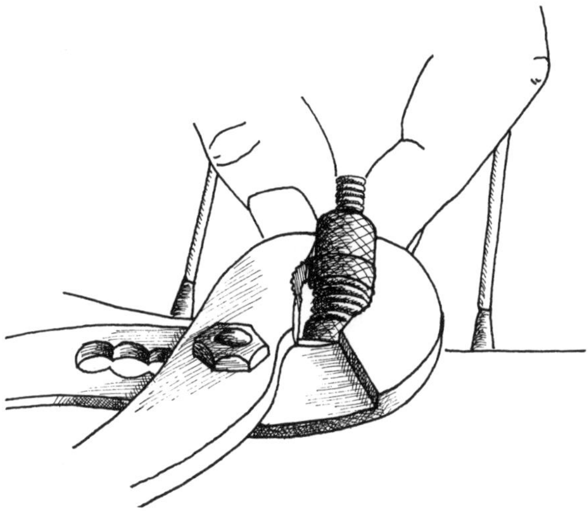

Diebstahlsicherung: Die Überwurfmutter wird mit einer zweiten Rändelmutter gekontert

Schlauchreifen

Rennrad-Pneus haben keine Drähte, sondern werden auf die Felge aufgekittet. Sie sollen hier nicht weiter besprochen werden. Wer sich dem Rennsport verschrieben hat, wird darüber schon Bescheid wissen oder hat entsprechende Informationsquellen. Rennreifen aus Baumwolle oder Seide sind für Alltagsfahrer auch nicht besonders aktuell.

Reifen- und Felgenbezeichnungen

Diese Zahlenchiffren zu durchschauen, ist beinahe eine Lebensaufgabe. Verwirrend ist insbesondere die Verwendung zweier Maßeinheiten: Zoll und Millimeter. Ein Zoll, etwa soviel wie ein Inch, beträgt abgerundet 25 Millimeter. Die Zahlen, mit denen wir uns befassen, geben

a. Reifennormen und

b. Felgennormen an.

Wir konzentrieren uns erstmal nur auf die

Reifennormen in Zoll

Von allen Zahlen, die auf dem Mantel zu lesen sind, stehen die Reifennormen am Anfang. Da liest man etwa 28", das sind 70 Zentimeter oder 700 Millimeter. Diese Größe ist gleich dem gesamten Raddurchmesser bei aufgepumpten Reifen (C in der Abbildung).

28" = 700 mm22" = 550 mm
27" = 675 mm20" = 500 mm
26" = 650 mm16" = 400 mm
24" = 600 mm12" = 300 mm

Wenn Sie von einem 28er-Rad reden hören, wissen Sie gleich, es handelt sich um ein Rad mit großen Laufrädern - den größten, die es bei Fahrrädern gibt. Nun lautet die Bezeichung aber nicht nur 28" oder 26", sondern beispielsweise 28 x 1 1/2

Wie wir schon wissen, beträgt der Gesamtdurchmesser hier 28". 1 1/2 (Zoll) = 38 Millimeter dagegen bezeichnet die Dicke wie auch die Höhe des aufgepumpten Reifens (A in der Abbildung).

Bei einem Reifen mit der Aufschrift 28 x 1.75 oder, was dasselbe ist, 28 x 1 3/4, ist die Reifendicke 1 3/4 Zoll = 44 Millimeter: Das ist ein Ballonreifen.

Nicht genug damit, gibt es oft auch dreiteilige Bezeichnungen wie 28 x 1 3/8 x 1 1/2. Die mittlere Zahl bezieht sich auf den Reifensitz in der Felge.

Aufgrund der Standardisierungsbestrebungen („ERTRO-Norm“) geht man dazu über, die Reifen- und Felgenbezeichnungen in Millimeter auszudrücken.

Uns interessieren weiterhin nur die Reifennormen:

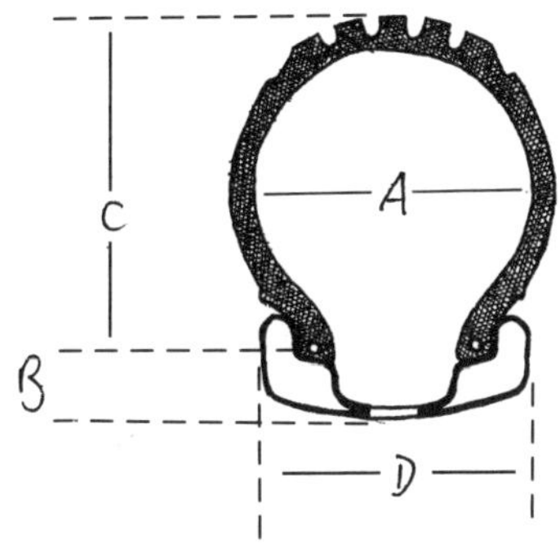

Ermittlung der Reifennorm

Reifennormen in Millimeter

Vergessen Sie für den Augenblick alles, was Sie über die Zoll-Angaben gehört haben. Hier sieht's nämlich anders aus. Eine Reifenbezeichnung lautet beispielsweise

28 - 630

Die erste Zahl gibt Reifendicke und -höhe in Millimeter an (A in der Abbildung). Die zweite Größe ist eine Durchmesserbezeichnung. Im Gegensatz zum Gesamtdurchmesser (Zollbezeichnung) geht es hier jedoch um den Felgendurchmesser, gemessen bis zu der Stelle, wo der Reifen aufsitzt (B in der Abbildung).

Noch mal zum Üben: Bei einem Reifen 47 - 406 schließen Sie messerscharf, daß der Reifen 47 Millimeter dick ist; ein Ballonreifen. 406 Millimeter ist der Felgendurchmesser. Nun können Sie oben und unten die Reifendicke hinzurechnen, das sind zweimal 47 Millimeter, und kommen auf insgesamt 500 Millimeter. Das ist ein 20"-Rad, stimmt's?

Nun noch ein paar Umrechnungsbeispiele:

Zoll	mm
28 x 1 1/2	40 - 635
27 x 1 1/4	32 - 630
26 x 1 1/2	40 - 584
26 x 1 3/8	37 - 590

Ist also gar nicht so schwer. Nehmen wir jetzt noch mal einen Reifen namens 20 - 622. Aha, denken Sie: 622 + 25 + 25 macht 672, in etwa 675 - das ist ein 27"-Reifen. Ein ausgewachsener Rennradreifen, denn im internationalen Reglement sind 27"-Reifen für Rennen vorgeschrieben. Und die Zahl 20 besagt, daß es ein ausgesprochen schmaler Reifen ist. Diese unglaublich leicht rollenden Pneus werden mit hohem Druck gefahren (5-8 bar, dagegen Autoreifen nur 1.2-2.5!)

Bei der Reifenauswahl bedenken Sie: Ballonreifen sind stabiler als alle anderen, aber haben auch wesentlich mehr Reibung. Der Rollwiderstand eines Schmalspurreifens kann um die Hälfte niedriger sein als bei einem dicken Ballonreifen. Andererseits, ein Sandweg in der Lüneburger Heide läßt sich einfach schlecht mit Rennreifen befahren - bis zur Achse im Sand...

Mountain-Bike-Fahrer glauben oft, ein Reifen mit Treckerprofil gehöre einfach dazu. Sinn macht er aber nur in extremem Gelände; auf der Straße ist's Krampf.

Felgennormen

Mit dem Gewirr der Zollangaben will ich Sie verschonen, aber die Normierung in mm ist leicht zu verstehen. Sie besteht aus zwei Zahlen, sagen wir 17 - 630.

Die kleinere Zahl gibt die Innenbreite der Felge an (D in der Abbildung), die größere den Felgendurchmesser, gemessen am Reifenaufsitz (B). Felgenbezeichnungen finden Sie auf der Felge selbst oder auch auf dem Reifen hinter der Reifenbezeichnung.

Flickzeug

Plastik- oder Blechschachteln mit abgepacktem Flickzeug sind handlich, klein, kompakt. Sie enthalten Flicken verschiedener Größe. Ich stelle mir mein Flickzeug lieber einzeln zusammen: eine große Tube Vulkanisierflüssigkeit, ein Stück Sandpapier zum Aufrauhen, ein großes Flickenstück, das man sich je nach Bedarf zurechtschneiden kann.

Kugellager

1829 erhielt ein österreichischer Domainen-Waldmeister namens Ressel ein Privileg (das bedeutete soviel wie Patent), „*unter Benützung von Rollen und Kugeln die Reibung der Maschinenzapfen und Wagenachsen beinahe auf Null zu reducieren und jede Schmiere entbehrlich zu machen*".

Der Zweck des Kugellagers ist, die Reibung zu verringern. In Bezug auf die Schmierung ist man heute anderer Meinung. Die Erfindung wurde übrigens schon im 18. Jahrhundert gemacht, ähnliche Lagerungssysteme sind sogar schon seit der Antike bekannt. Nachdem man Kugellager für Karussells, Möbelrollen oder Mühlsteine. erfolgreich anwendete, kam das Fahrrad erst 1869 an die Reihe, als ein französischer Privatmann zum erstenmal sein Veloziped damit ausrüstete. 1873 konnte man ein Hochrad mit Kugellagern erstmalig bei einem Radrennen bewundern, und von da an begann es sich durchzusetzen. Beim modernen Velo gibt es 12-15 Kugellager - alle arbeiten nach demselben...

Prinzip

Die Kugeln befinden sich in einer Lagerschale. Sie werden durch einen Konus - ein Gegenstück zur Lagerschale, das ebenfalls der Größe der Kugeln und der Gesamtgröße des Lagers angepaßt ist - in der Schale gehalten. Bei den meisten Lagern ist der Konus schraubbar. Indem er näher an die Lagerschale herangedreht oder von ihr entfernt wird, läßt sich das Spiel des Lagers einstellen. Es gibt auch den umgekehrten Fall (zum Beispiel bei einigen Tretlagern), wo die Konen ausgeschmiedete Teile der Welle sind und die Lagerschalen zum Einstellen schraubbar sind („Schraubschalen"). Wichtig ist: Ein Teil des Lagers ist fest, das andere zum Einstellen des Spiels beweglich. Die Kugeln selbst liegen kreisförmig angeordnet um Achse oder Welle (eine Achse dreht sich nicht, eine Welle dreht sich). Sie dürfen nicht aneinandergepreßt liegen, weil damit wieder Reibung erzeugt würde. Sie dürfen auch nicht soviel Zwischenraum haben, daß das ganze Lager sich lockern könnte.

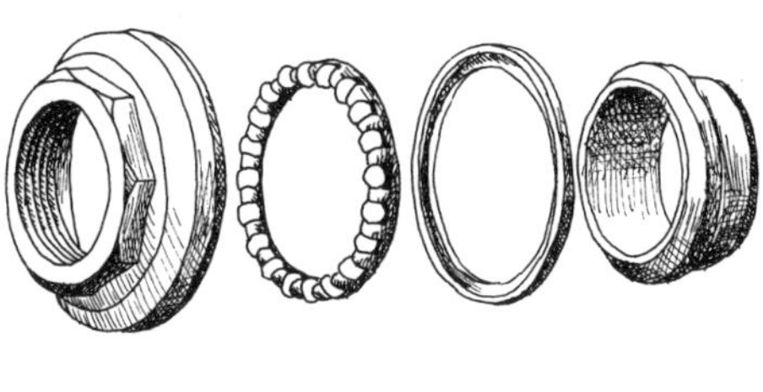

Kugellager (Steuersatz) mit Schale und Konus, Dichtring, Kugeln und Kugelkäfig

Faustregel
Für Lager mit losen Kugeln gilt: Legen Sie so viele Kugeln in die Lagerschale, wie hineinpassen. Geht die letzte Kugel gerade noch hinein, nehmen Sie sie wieder heraus. Paßt sie aber leicht hinein und läßt noch ein wenig Spielraum, dann ist es genau richtig.

Oft verwendet man anstelle loser Kugeln sogenannte Kugelkäfige (Kugelhalter). Das sind ringförmige Hülsen, in denen jede einzelne Kugel ihren Platz hat. Kugelkäfige haben eine offene und eine geschlossene Seite. Die offene - auf der die Kugeln ganz sichtbar sind - zeigt in der Regel zum Konus hin, die geschlossene zur Lagerschale. Die Kugeln lassen sich aus dem Käfig entnehmen und wieder einsetzen. Die

Überholung des Kugellagers

Konusschlüssel
Schraubenzieher
Zeit: 20 Min.

ist eine Arbeit, um die Sie beim Fahrrad gar nicht herumkommen. Aber ich finde den Umgang mit den unscheinbaren Kugeln und Schalen ganz faszinierend; besonders, wenn man ein defektes wieder heilgemacht hat.

1. Kontermutter abdrehen und Zwischenring (wenn vorhanden) abnehmen. Letzterer ist meist so geformt, daß er sich nicht auf der Achse drehen kann (Abbildung)
2. Vorm Abschrauben des Konus hat man tunlichst schon ein großes sauberes Tuch untergelegt, denn lose Kugeln kommen gern überraschend hervor und verschwinden spurlos. Der Konus ist also abgenommen, die Kugeln gezählt und in einer Dose verstaut.
3. Lagerschale, Konus, Kugeln und Käfig werden jetzt blitzblank geputzt. Auf jeden Fall erst die Schmiere im Benzinbad entfernen, dann mit einem sauberen Lappen trockenwischen. Bei der folgenden Untersuchung der Teile können Sie gar nicht pedantisch genug sein - nehmen Sie ruhig eine Lupe zur Hilfe! Lagerschale und Konus zeigen durch ein hellglänzendes Band den Sitz der Kugeln an. Die kleinste Unebenheit auf dieser Fläche bewirkt Störungen. Wenn Sie nur die geringste Narbe oder Kerbe entdecken, ersetzen Sie das betroffene Teil; besser noch das ganze Lager.
4. Natürlich werden auch Kugeln und Kugelkäfig gründlich nachgesehen und, falls nötig, ersetzt.

   Sind alle Teile einwandfrei, geht es an den

Zusammenbau:

5. Lagerschale und Kugelkäfig werden eingefettet, und zwar mit dem prachtvoll roten Kugellagerfett oder notfalls auch mit weißer (technischer) Vaseline. Bei losen Kugeln wird eine dicke Fettschicht auf die Lagerschale gesülzt und die Kugeln werden hineingesteckt. Auch die Lauffläche des Konus kriegt ihr Fett.

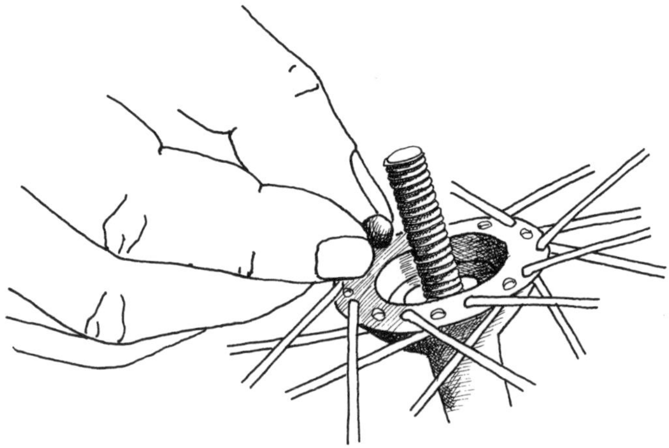

Die Kugeln werden in die gereinigte und dick eingefettete Lagerschale gelegt

6. Der Konus wird von Hand aufgeschraubt. Soweit andrehen, daß das Lager klemmt. Nun etwas losschrauben, bis das Lager leicht dreht. Es darf aber nicht soviel Spiel haben, daß es schlackert. Das ist die ganze Kunst beim Einstellen des Lagers: Fest genug, daß keine Kugel aus der Reihe tanzen kann; locker genug, daß das Lager frei spielen kann.
7. Kontern: Dazu muß der Konus genau in der Idealposition gehalten werden (Konusschlüssel). Ist ein nicht drehbarer Zwischenring vorhanden, erleichtert er die Sache. Denn jetzt wird von oben die Kontermutter aufgeschraubt und fest angezogen. Bei einem Zwischenring wie oben beschrieben ist es theoretisch möglich, die Kontermutter ohne Gegenhalten des Konus festzuziehen. Manchmal dreht er aber doch ein Stück mit. Das merken Sie spätestens bei der Kontrolle. Dann noch einmal Kontermutter lösen, einstellen, kontern. Das dauert höchstens beim ersten Mal etwas länger, aber dann werden Sie den Bogen schnell heraushaben.

Industrie- oder Rillenkugellager

Eine prima Sache: das wartungsfreie Kugellager. Hier sind die Kugeln zwischen zwei breiten Stahlringen eingebettet. Das bietet viele Vorzüge: Industrielager müssen nicht eingestellt werden. Sie sind perfekt geschmiert und gut gedichtet, also vollkommen wartungsfrei. Allenfalls im Vergleich mit sehr guten Normallagern wird man feststellen, daß sie ein bißchen schwerer laufen. Aber die Vorteile überwiegen bei weitem.

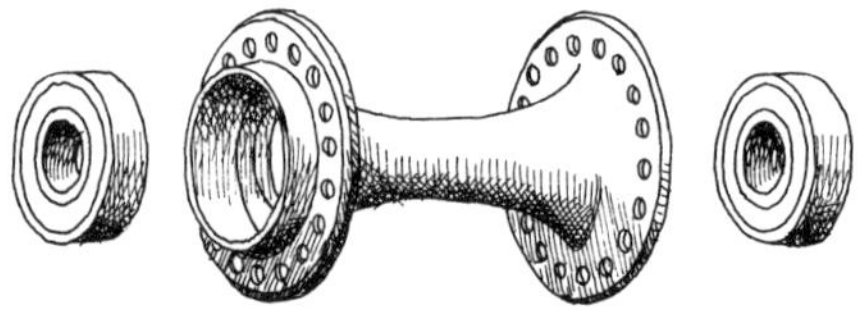

Wartungsfreie Nabe mit Industrielagern

Wälz- oder Nadellager

Hier wird die Last nicht auf eine Reihe von Kugeln, sondern auf eine Anzahl von Stiften abgewälzt. Solche Lager können Sie in einigen wenigen Steuersätzen, Tretlagern oder Hinterradnaben bewundern - teure, meist sehr gute Exoten.

„... die Wirkung des Velocipedfahrens ist fast ganz die gleiche wie die der Massage, und sollten Stubensitzer, Kontoristen etc., da sich bei ihnen leicht Darmträgheit und Stockungen im Unterleib entwickeln, das Velocipedfahren recht fleißig benutzen ...“

Gabel und Steuersatz

Die Gabel ist das Teil, in dem (unten) das Vorderrad gehalten wird und in dessen Schaft (oben) der Lenker festgeklemmt wird. Der Steuersatz besteht aus zwei Kugellagern, die den Gabelschaft leicht drehbar im Rahmen halten. Die Ausfallenden der Gabel nehmen die Vorderradachse auf. Die Gabel selbst ist mehr oder weniger nach vorn gebogen. Mehr bedeutet stärkerer Federwirkung und weicheres Fahren, aber auch Energieverlust.

Die schlanken Renngabeln sind relativ steil und hart, sie verschwenden wenig Muskelkraft an die Federung. Aber auch die besonders groß dimensionierten MTB-Gabeln sind auf Härte getrimmt.

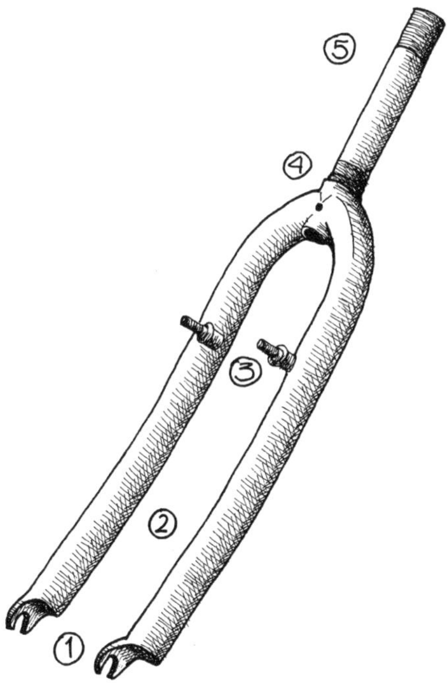

MTB-Gabel:
1 Ausfaller
2 Gabelscheiden
3 Cantilever-Sockel
4 Gabelkopf
5 Gabelschaft

Problem: Gabel schlackert

Sie fahren über eine Unebenheit und haben plötzlich das Gefühl, das Vorderrad möchte sich von Ihnen trennen.. Alles haaaalt! Der Fall muß untersucht werden. Ist es die Gabel oder das Rad? Lupfen Sie das Fahrrad am Lenker hoch und beobachten Sie die Gabel. Rutscht sie ein Stück nach unten? Läßt sie sich nach oben/unten verschieben? Halten Sie das Rad weiter am Lenker, stoßen Sie es fest auf den Boden. Klackert und klunkert? Dann hat sich der Steuersatz gelockert. In der folgenden Anleitung erfahren Sie ab Nr. 15, was zu tun ist. Vorher aber sicherheitshalber nachschauen: Sind die Kugellager überhaupt noch drin? Sollten sie schon herausgeklötert sein, geht es ab Nr. 10 weiter. Bei einem älteren Velo empfehle ich, einen neuen Steuersatz zu kaufen und eine Generalüberholung vorzunehmen (siehe weiter unten).

Problem: Gabel verbogen

Das Teil ist out und gehört umgehend auf den Gabelfriedhof. Jedes Geradebiegen macht die Gabel zum Sargnagel - Stürze durch Gabelbruch sind fatale Unfälle. Die im nächsten Abschnitt folgende Anleitung sagt, wie die neue Gabel eingebaut wird. Die Nr. 7 können Sie dabei auslassen.

Problem: Geräusche beim Lenken

Beim Drehen des Lenkers verspürt man Widerstand und hört knirschende und knackende Unmutsgeräusche. Wenn es nicht am Vorderrad liegt, ist eine Generalüberholung fällig.

Generalüberholung

Schraubenschlüssel
Hammer
Schraubenzieher
Wasserpumpenzange
Sandpapier
Zeit: 60 Min.

1. Lenker und Rad herausnehmen (siehe auch „Lenker“, „Vorderrad“)
2. Kopfmutter abschrauben (Steuersatzschlüssel oder Wasserpumpenzange). Bei manchen alten Rädern ist diese Mutter rund mit seitlichen Aussparungen. Die kriegt man entweder mit einem speziellen Nabenschlüssel (wie ein Torpedoschlüssel in groß), mit der Wasserpumpenzange oder, im Verzweiflungsfall, mit Hammer und Schraubenzieher los. Es kann nicht schaden, vorher Rostlöser aufzusprühen.

Kopfmutter behutsam mit Wasserpumpenzange abschrauben

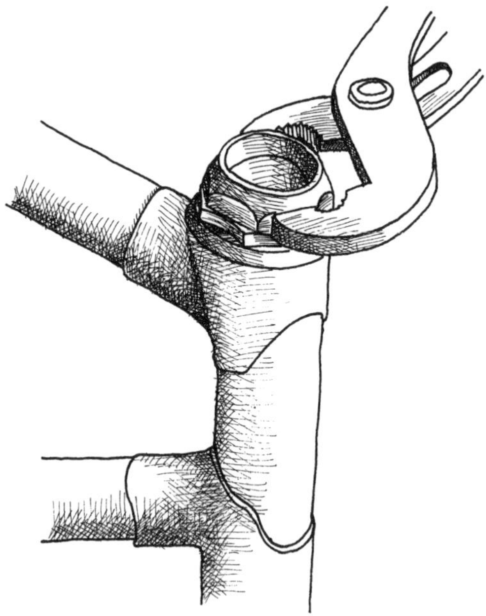

3. Bremskabelhalter (Mittelzugbremse), wenn vorhanden, abnehmen
4. Zwischenring entfernen. Er hat innen entweder eine Nase oder eine gerade Fläche, die in eine Rille beziehungsweise zu einer Abflachung des Gabelschafts paßt. Oder er ist mit einem Gewinde versehen und geriffelt, also zum Abschrauben
5. Konus abschrauben (von Hand oder vorsichtig mit der Zange)
6. Um die Kugeln nicht unkontrolliert aus dem Lager purzeln zu lassen, halten Sie die Gabel so an den Rahmen, wie es die Abbildung zeigt. Nun können die Kugeln oder die Kugelkäfige nacheinander entnommen werden

Die Gabel wird mit einer Hand im Steuerkopfrohr festgehalten, damit die Kugeln nicht herausfallen

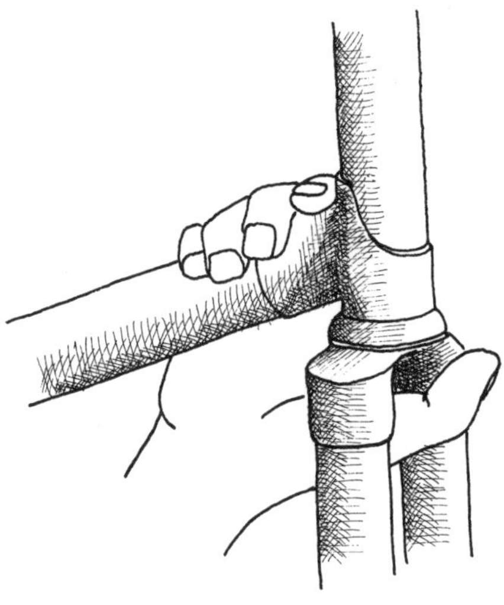

7. Nach den losen Teilen des Steuersatzes geht es den Lagerschalen an den Kragen. Sie sind im Rahmenrohr nur festgeklemmt und sollten ohne Schwierigkeiten herauszuholen sein. Mechaniker benutzen dazu

einen speziellen „Austreiber", wir machen's einfacher. Sie setzen einen kräftigen Schraubenzieher möglichst senkrecht auf den Rand der Lagerschale und klopfen leicht mit dem Hammer drauf. Immer im Kreis herum, damit nichts an einer Stelle verbiegt, und so lange, bis die Lagerschale herausklötert.

Wenn der Rand so schmal ist, daß der Schraubenzieher dort nicht faßt, klopfen Sie die Lagerschalen mit einem langen Schraubenzieher oder einem Meißel vorsichtig von innen heraus.

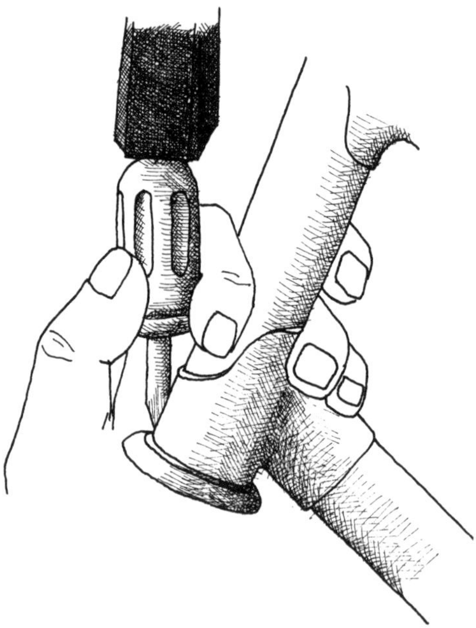

Die obere Lagerschale wird herausgeschlagen

8. Der unscheinbare Gabelkonus sitzt stramm auf dem Gabelkopf auf. Nur abnehmen, wenn Sie ihn ersetzen wollen! Dazu Gabel auf den Schaft stellen und so festhalten. Von unten setzen Sie dort, wo der Konus über den Gabelkopf hinausguckt, den Schraubenzieher an und treiben ihn mit leichten Hammerschlägen, abwechselnd vorn und hinten, herunter. Ragt er jedoch nicht über den Gabelkopf hinaus, ist er vielleicht mit einem dünnen Schraubenzieher abzuhebeln.

Damit der Gabelkonus bei der Demontage keinen Schaden nimmt, ist Fingerspitzengefühl gefragt

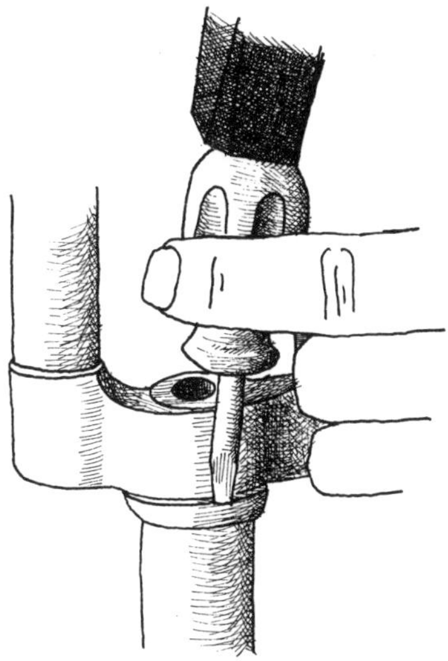

9. Alle Lagerteile wie im Kapitel „Kugellager“ beschrieben säubern und prüfen. Meistens lohnt sich die Ausgabe für einen neuen Steuersatz.

Zusammenbau von Steuersatz und Gabel

10. Der eben entfernte Gabelkonus hat sich auf einer Verdickung des Gabelschafts befunden. Der neue paßt nur dann wieder rauf, wenn dieser Wulst gründlich gereinigt wird und eventuelle Rückstände restlos entfernt sind. Vorsicht mit Sandpapier, auf keinen Fall zu viel schmirgeln - der Preßsitz muß sein! Reinigen Sie jetzt gleich die ganze Gabel, besonders den Schaft mit Gewinde.

    Den neuen Konus bekommen Sie profimäßig drauf, wenn ein passendes Stück Rohr bereitliegt. Es muß länger sein als der Gabelschaft und gerade über diesen hinüberpassen. Hiermit und mit ein paar Hammerschlägen treiben Sie den Konus auf seinen Sitz. ACHTUNG: Das Rohr darf auf keinen Fall auf der Lagerfläche (dort, wo die Kugeln liegen werden) des Konus aufliegen, sondern nur auf dem innenliegenden Rand. Haben Sie kein Rohrstück, setzen Sie einen langen Schraubenzieher auf diesen Rand, hämmern wechselseitig leicht darauf und bringen den Konus so an Ort und Stelle. Schraubenzieher nicht abrutschen lassen!

11. Daß der Kugelkäfig zwei verschiedene Seiten hat, wissen Sie. Ich selbst vergesse immer wieder, wie herum er in die einzelnen Lager gehört. In dem Fall einfach probieren: Käfig auf den Gabelkonus legen und eine

Lagerschale drüberstülpen. Drehen und dann nochmal dasselbe mit dem Kugelkäfig andersherum veranstalten. Man merkt sofort, welche Kombination leichter beweglich ist, nicht? Dann den Konus mit einer Schicht Kugellagerfett bestreichen (weiße, technische Vaseline geht auch) und den Kugelkäfig auflegen.

12. Beide Lagerschalen werden jetzt ins Rahmenrohr (Steuerkopfrohr) getrieben. Setzen Sie eine Schale auf und drücken Sie sie leicht an. Nun legen Sie ein Brett oder eine Platte mit harter, planer Oberfläche darauf und treiben mit leichten Hammerschlägen die Lagerschale bis zum Anschlag ins Rohr. Dasselbe dann mit der zweiten Schale. Hier gilt dasselbe wie für den Gabelkonus, nämlich daß sie makellos sitzen müssen - auf keinen Fall darf noch Platz zwischen Rohrende und Schalenrand sein (das Lager würde schief sitzen oder sich nach kurzer Zeit lockern).

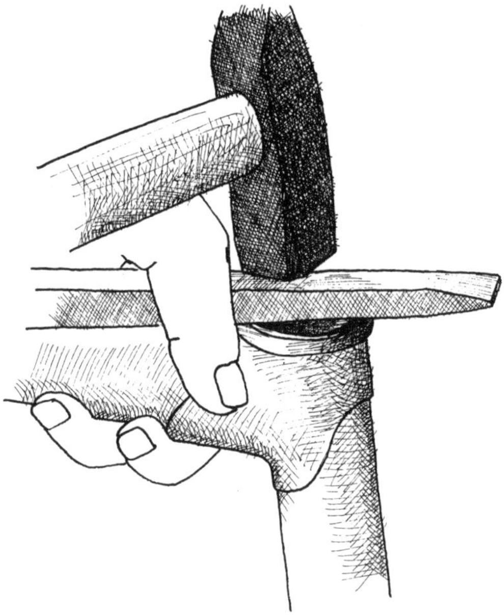

Die Lagerschalen müssen hundertprozentig genau im Steuerkopfrohr sitzen. Zum Einschlagen wird hier ein Meißel flach aufgelegt.

13. Wenn keine Kugelkäfige vorhanden sind, bringen Sie nun die einzelnen Kugeln auf (siehe „Kugellager") - aber Obacht, sie sind schon eine haltlose Gesellschaft.

14. Der Gabelschaft wird von unten einfühlsam in das Rahmenrohr geführt, so daß die untere Lagerschale sich sanft auf die Kugeln legt. Jetzt nur noch aufpassen, daß die Gabel nicht herausrutscht - festhalten wie vorher beim Ausbau!
15. Bereiten Sie dem oberen Kugellager sein Bett, schrauben Sie den Gewindekonus auf. Wenn er festgedreht ist, können Sie endlich die Gabel loslassen und die verkrampften Finger massieren - keine Kugel wird mehr entwischen. Lagerspiel justieren (siehe „Kugellager“) und
16. Zwischenring aufsetzen. ACHTUNG: Womöglich hat der Gabelschaft eine Abflachung, Ihr marktfrisch erworbener Steuersatz aber einen Zwischenring mit Nase, die bekanntlich für das Rillenmodell gedacht ist. Nicht schlimm. Feilen Sie soviel von der Nase weg, daß diese auf die Abflachung paßt. Kann man den Zwischenring gar nicht aufschieben, weil er ein Gewinde hat? Aufschrauben bis kurz vor den Konus. Wenn Sie eine Mittelzug-Felgenbremse haben, schieben Sie jetzt den Kabelhalter auf.
17. Die Kopfmutter wird zuletzt aufgeschraubt. Sie ist es auch, die mit dem Konus gekontert werden soll, um ihn unverrückbar festzuhalten. Die oben beschriebenen Zwischenringe können sich theoretisch nicht mitdrehen. Es sollte daher möglich sein, die Kopfmutter ganz einfach festzuziehen. Kompliziert wird es erst, wenn der Zwischenring doch mitdreht oder wenn es einer mit Gewinde ist:

    Im ersten Fall halten Sie den Konus fest, während sie die Kopfmutter anziehen. Von Hand läßt sich das nicht mehr leisten, eine zweite Zange oder ein großer Schlüssel und Zange sind nötig. Der zweite Fall ist noch verwirrender. Zuerst Konus festhalten und mit dem Gewindering kontern. Hat das Lager genug Spiel, dreht es frei? Nun den Gewindering festhalten und mit der Kopfmutter kontern (zwei Zangen).
18. Zu guter Letzt wird das überschüssige Fett aus den Lagern sorgsam abgewischt, denn sonst sammelt sich hier ungeahnt schnell Staub und Sand und ruiniert die neuen Lager.

Antrieb

Der Antrieb besteht aus Tretlager, Kettenrad, Kurbelarmen, Pedalen, Kette und Zahnkranz. Diese Teile wandeln die Strampelbewegung der Beine in Vorwärtsbewegung um. Produzieren sie dabei auch noch Geräusche, bedeutet das Ärger. Man vernimmt ein Knarren, Krachen, Knacken und Knurren. Das Treten wird immer mühsamer, das Radfahren wird zum Frust.

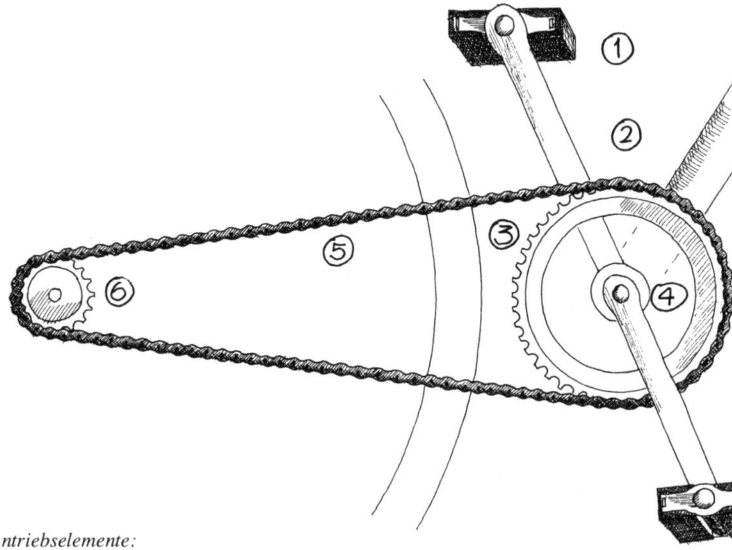

Antriebselemente:
1 Pedale
2 Tretkurbel
3 Kettenrad
4 Tretlager
5 Kette
6 Ritzel

Wo steckt der Fehler?

0. Machen Sie eine Kniebeuge. Knarrt es dabei? Auf zum Orthopäden...
1. Velo auf Sattel und Lenker stellen, Pedale drehen. Sie sollen leicht herumwirbeln können. Wenn nicht, lesen Sie weiter bei „Pedale". Aber bitte erst noch weiterprüfen:

2. Kurbeln drehen und Kette beobachten. Liegt sie in der Bewegung immer flach auf Kettenrad und Ritzel auf? Oder ist sie vom Rost so steif, daß sie sich nicht biegen mag und Winkel bildet? Dann siehe weiter bei „Kette".
3. Nehmen Sie die Kette ab (siehe „Kette") und lassen Sie die Kurbeln wirbeln. Kurbelarme und Kettenrad müssen leise und leicht laufen. Üble Geräusche? Seitliches Spiel? Dann liegt hier der Hase im Pfeffer (siehe „Tretlager"). Beobachten Sie beim Drehen das Kettenrad von vorn oder hinten. Läuft es rund oder schlägt es? (siehe „Kettenrad"). Wenn es Haifischzähne hat, ist das zumindest eine der Fehlerursachen („Kettenrad").

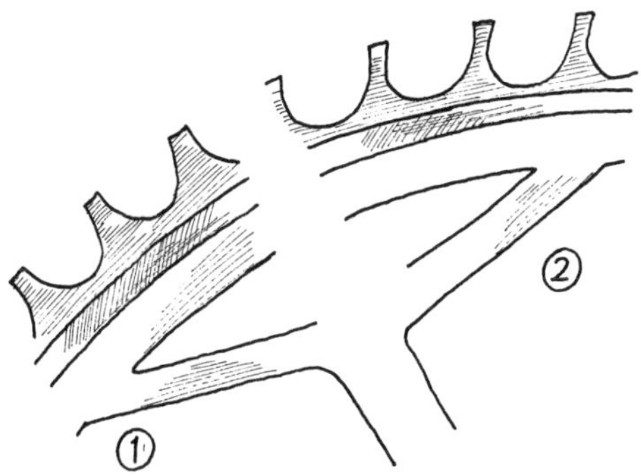

Kettenrad:
1 einwandfreier Zustand
2 Haifischzähne durch starke Abnutzung

4. Drehen Sie das Hinterrad. Leichter Lauf? Das muß noch nichts besagen, denn damit wird nur der Freilauf und nicht der Antrieb getestet. Versuchen Sie, das Hinterrad mit dem Zahnkranz in Drehung zu versetzen (ist etwas schwierig und schmierig). Geht es sehr schwer? Dann ist klar, wo der Hund begraben ist, weiter geht es bei „Hinterrad".
5. Hat das Ritzel Haifischzähne? Ab in den Müll („Hinterrad").

Weitere Fehler im Antriebssystem:

6. „Klank-Klank" beim Treten: dazu das Gefühl, etwas gibt nach - Kurbelarme lose, siehe dort.
7. Durchtreten im Antrieb. Haben Sie eine Nabenschaltung, siehe dort. Bei einfacher Hinterradnabe, siehe ebenda.

Tretlager (Innenlager)

Es verbirgt sich in der Tretlagermuffe, einem kurzen, dicken Stück Rohr, das am tiefsten Punkt des Rahmens quer zur Fahrtrichtung liegt. Rechts sind Kurbel und Kettenrad montiert, links eine Kurbel solo.

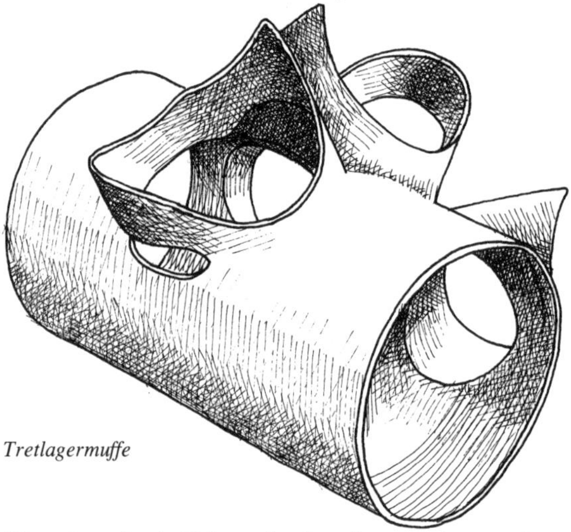

Tretlagermuffe

Wer einmal mit Tränen in den Augen ein zerstörtes Tretlager in Händen gehalten hat, kann sich vorstellen, welch gewaltige Kräfte dort übertragen werden. Ohne Pflege und Wartung kann ein solides Tretlager zu Mürbeteig gewalkt werden. Bei Basteleien an diesem Teil wird oft der Punkt erreicht, wo man sich fragt: Ist das Fahrrad tatsächlich das ideale Verkehrsmittel? Manchmal kommt es einem eher als Geißel der Menschheit vor. Aber des Menschen Geist erhebt sich über die Materie: Die Arbeiten am Tretlager sind gar nicht so schlimm - man muß nur rechtzeitig aufhören können.

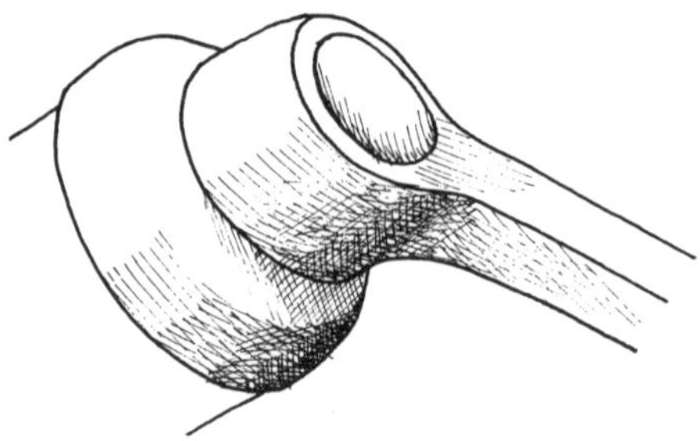

Keilloses Lager (Glockenlager)

Keillager

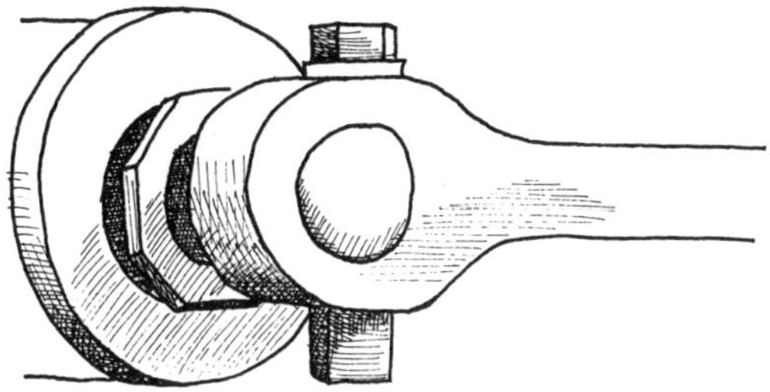

Einstellen und Überholen des Tretlagers (keillose Lager)

Schraubenzieher o.
Inbusschlüssel
Abzieher
Hammer und Meißel
Zeit: 45 Min.

1. Staubdeckel entfernen
2. Sehen Sie jetzt nur das Gewindeende der Kurbelwelle vor sich und keine sechskantige Kurbelschraube, gibt es theoretisch zwei Möglichkeiten:

a. Abzieher
Passendes Modell besorgen; weiter unter 3.

b. herausschlagen
Nehmen Sie einen großen Meißel oder eine Eisenstange sowie einen Hammer (je schwerer, desto besser) zur Hand. Wenn möglich, glühen Sie die Umgebung der rechten Kurbel kräftig durch (siehe auch „Was hält die Draisine zusammen?"). Setzen Sie den Meißel an der Innenseite der linken Kurbel an, möglichst dicht an der Welle. Versuchen Sie, sie mit herrlichen Hammerschlägen von der Welle zu treiben. Klappt nicht? Dann Abzieher benutzen oder hin zur Werkstatt.

3. Bei Markenlagern von Suntour, Campagnolo, Shimano oder anderen erblicken Sie nach Entfernen des Staubdeckels den sechskantigen Kopf der Kurbelschraube, die jetzt abgedreht werden muß. Jetzt benötigen Sie den passenden Abzieher.

Abzieher

4. Druckbolzen A soweit wie möglich zurückschrauben. Das Außengewinde B des Abziehers wird dort, wo der Staubdeckel saß, eingeschraubt und mit dem Sechskant C fest angezogen.
6. Sechskant D mit Schraubenschlüssel fassen und im Uhrzeigersinn anziehen. Dadurch kommt der Druckbolzen langsam hervor und drückt die Kurbel von der Welle weg. Geschafft!
7. Genauso nehmen Sie die andere Kurbel mit daranhängendem Kettenrad ab.
8. Liegt ein großer sauberer Lappen unterm Tretlager? Dann ran an den Ring auf der linken Seite. Er hat vermutlich sechs Einkerbungen, für die es einen Spezialschlüssel gibt. Der Ring hat die Funktion einer Kontermutter; er hält die Lagerschale in ihrer Stellung fest. Man bekommt ihn notfalls mit Hammer und Schraubenzieher los - aber sachte, damit die Kerben nicht ausgeschlagen werden.
9. Jetzt kommt schon die Lagerschale. Sie ist wahrscheinlich in das Innengewinde der Tretlagermuffe eingeschraubt. In der Stirnseite der Schraubschale befinden sich zwei oder mehr Bohrungen. Ideal wäre jetzt ein Stirnlochschlüssel, aber man kann auch eine Zange mit langen, spitz zulaufenden Backen nehmen (Telefon- oder Mechanikerzange).
10. Schon können die Kugeln oder der Kugelkäfig entnommen werden. Auch die Welle läßt sich jetzt herausziehen.
11. Die Schraubschale auf der rechten Tretlagerseite ist entweder mit zwei seitlichen Abflachungen versehen oder mit einem gekerbten Außenring wie die Kontermutter. Nicht herausschrauben, nur reinigen und mit einer Taschenlampe ins Tretlager hineinleuchten. Wenn sie eine unversehrte Kugellauffläche hat, so lassen. Sonst abschrauben (was meistens nicht einfach ist).

Jetzt kann man deutlich sehen, daß - anders als bei den bisher gesehenen Kugellagern - die Konen und die Welle aus einem Stück sind. Das Lagerspiel wird also nicht mit einem Konus, sondern mit einer Schale eingestellt. Das zerlegte Tretlager wird eingehend gereinigt und auf fehlerhafte Stellen untersucht (siehe „Kugellager").

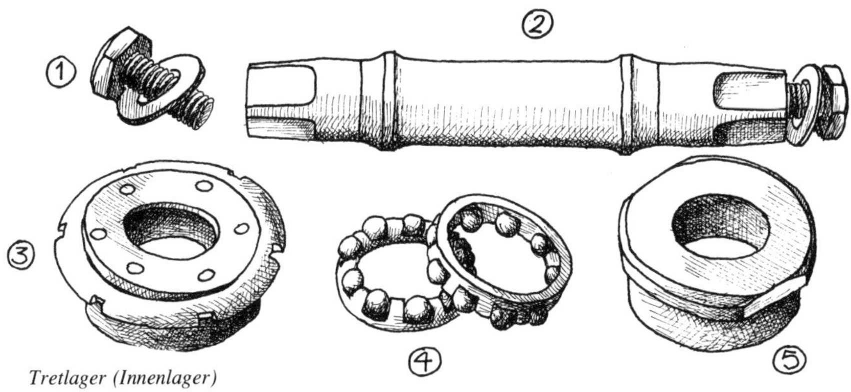

Tretlager (Innenlager)
1 Kurbelschraube
2 Welle mit Konen
3 Schraubschale mit Konterring (links)
4 Kugelringe
5 Schraubschale (rechts)

Zusammenbau

1. Falls noch nicht vorhanden, setzen Sie eine Schutzhülse in die Tretlagermuffe ein. Sie verhindert, daß Rost und Staub aus dem Sitzrohr herunterfallen und das Lager verschandeln.
2. Rechte Schraubschale, falls ausgebaut, einschrauben. Das muß leicht mit der Hand zu machen sein. Erst am Schluß kräftig mit Zange oder Schlüssel festziehen.
3. Diese Schale von innen mit Fett ausstreichen und Kugeln einsetzen.
4. Das eine Ende der Welle ist länger als das andere. Dieses längere Ende wird durch das Loch in der rechten Schale gesteckt; daran wird später die Kurbel mit dem Kettenrad befestigt. ACHTUNG: Wenn Sie die Welle jetzt locker lassen, sagen die Kugeln schnell wieder Adieu. Also am durchgesteckten Ende ziehen und stets strammhalten. Rechtes Wellenende zwischen den Fingern drehen. Geht wie geschmiert? Wenn nicht, herausnehmen und das Lager nochmal genau ansehen. Vielleicht liegt der Kugelkäfig falsch herum.
5. Rahmen auf die (in Fahrtrichtung gesehen) linke Seite auf den Boden legen. So drückt die Welle mit dem rechten Konus die Kugeln gegen die Schraubschale und hält sie fest.

6. Nun können Sie sich in aller Ruhe die zweite Schale vornehmen und die Kugeln/den Käfig einlegen.
7. Mit der einen Hand fassen Sie das herausragende Ende der Welle (da, wo schon Kugeln drin sind) und heben daran den ganzen Rahmen ein kleines Stück an. Jetzt von unten die zweite Schraubschale über die Welle führen und behutsam einschrauben. Nun endlich können Sie die Welle loslassen; die Kugellager sind gebändigt (bei Kugelkäfigen ist alles ganz undramatisch, denn die können nur komplett herausfallen).
8. Durch Hinein- oder Herausdrehen der Schraubschale (links) wird das Spiel eingestellt (siehe „Kugellager"). Dann mit Zange oder Stirnlochschlüssel festhalten. Konterring aufdrehen und mit Wasserpumpenzange oder Spezialschlüssel fest gegen die Schraubschale kontern.
9. Kurbeln aufsetzen (geht am besten, wenn Kurbeln und Welle leicht eingeölt sind) und mit den Kurbelschrauben festziehen.

Fahrrad aufwerten durch Kompaktlager

Mit einer kleinen Investition zum rechten Zeitpunkt können Sie sich den oben beschrieben Aufwand sparen. Die Rede ist vom Kompakt- oder Patronenlager. Es enthält die oben erwähnten Rillenkugellager und ist insgesamt gekapselt. Diese Innenlager werden von der Antriebsseite (rechts) her in die Tretlagermuffe eingeschraubt und von links nur noch gekontert. Das Spiel ist bereits eingestellt. Sie sind staubdicht, praktisch unverwüstlich und völlig wartungsfrei. Messen Sie die Breite der Tretlagermuffe aus, damit Sie auch das passende Modell bekommen.

Einstellen und Überholen des Tretlagers (Keillager)

Schraubenschlüssel
Hammer, Holzstück
Wasserpumpenzange
Zeit: 40 Min.

Bei diesen Lagern lohnt es, ein wenig Arbeit zu investieren, denn man wird normalerweise ohne Spezialwerkzeug und ohne die Hilfe einer Werkstatt mit ihnen fertig. Der erste Schritt, das Austreiben des Keils, ist der schwerste; das Weitere geht fast wie von selbst.

WICHTIG: Beim Austreiben des Keils müssen die Kurbel und damit die Tretlagerwelle unterstützt werden, damit letztere nicht verbiegt.

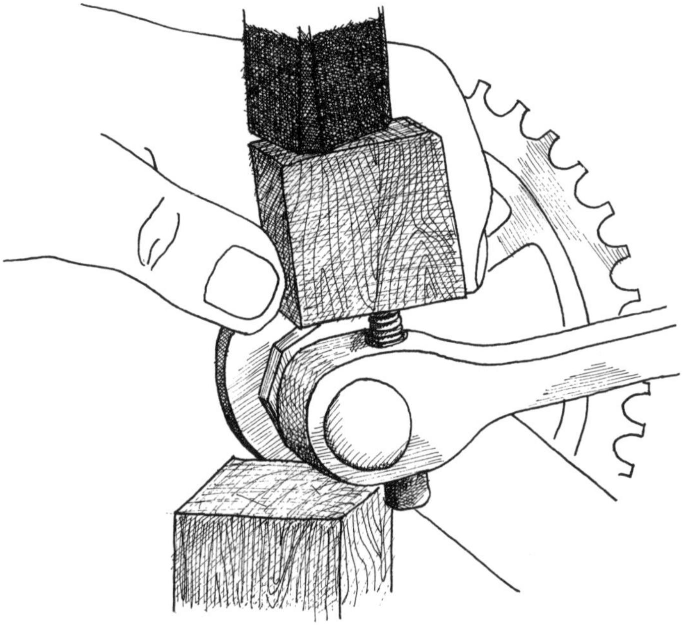

So bewegt man den Keil zum Auszug

1. Mutter und Zwischenring vom Keil nehmen. Versuchsweise leicht mit dem Hammer auf's Keilende klopfen. Manchmal geht er schon auf diese Weise heraus. ACHTUNG: Ein einziger starker Hammerschlag reicht aus, um das Gewindeende aufzustauchen - damit ist es kaputt. Liegt der Ersatzkeil schon bereit, macht das eigentlich nichts. Besser ist ein kleiner Hartholzklotz, der auf das Keilende gesetzt wird und die Wucht des Hammer schonend weitergibt. Wie ich den Keilcharakter kenne, wird der sich beharrlich weigern, herauszukommen. Rostlöser ran! Dann wieder beharrlich klopfen! Immer noch nicht? Versuchen Sie nicht, ihn zu drehen. Damit wird alles noch schlimmer. Das letzte Mittel: Lötlampe her und die Umgebung des Keils (also den Kurbelkopf) mit rauschender Flamme warmmachen. Solange Keil und Umgebung noch heiß sind, wieder kräftig mit dem Hammer draufschlagen. Dann klappt es eigentlich immer. Sonst: Werkstatt

Statt Hartholzklotz geht es auch so:
Mutter nicht ganz vom Keil schrauben, sondern nur soweit, daß der Gewindeteil des Keils eben in der Mutter verschwindet. Hammer flach auf die Mutter setzen (als wenn man gerade draufgeschlagen hätte). Mit einem zweiten Hammer einen kräftigen Schlag auf dem ersten Hammer landen. Bei dieser Methode mit den zwei Hammern wird die Wucht des Hammerschlages schonend an die Mutter weitergegeben; es findet keine Deformierung statt. Nun sollte der Keil sich gelöst haben. Mutter abschrauben und Keil herausziehen. Wurde für diese Prozedur nur ein Hammer benutzt, ist vermutlich die Mutter dabei draufgegangen - rechtzeitig für Ersatz sorgen!

2. Klirrend fliegt der Keil heraus. Während Sie die andere Kurbel festhalten, kann diese nun abgezogen werden.
3. Die große flache Mutter darunter läßt sich mit einem 25er-Schraubenschlüssel, den kaum jemand hat, oder mit einer Wasserpumpenzange abschrauben.
   ACHTUNG: Oftmals befindet sich hier ein Linksgewinde. Zum Abdrehen muß die Mutter dann im Uhrzeigersinn gedreht werden.

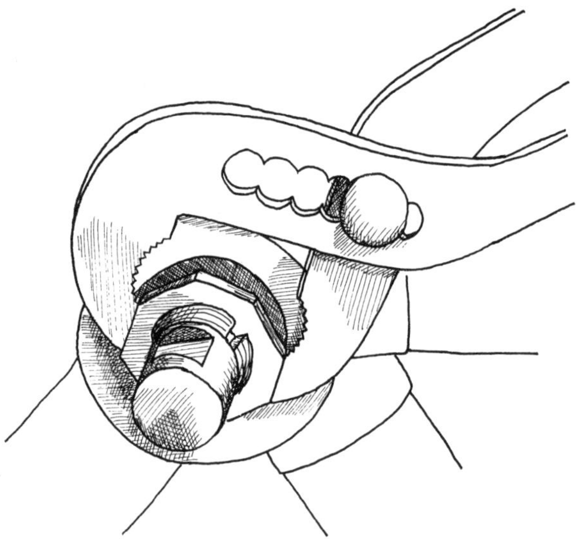

Achtung! Linksgewinde?

4. Zwischenring abheben (wieder so einer mit Nase, die in eine Rille der Welle paßt - drum kann er sich nicht verdrehen) und Staubschutzdeckel von der Muffe abheben.

5. Der jetzt sichtbare Konus hat zwei Aussparungen zum Losdrehen. Entweder mit Spezialschlüssel oder mit Schraubenzieher und Hammer. Und nicht vergessen, daß sich hier möglicherweise ein Linksgewinde befindet!
6. Kugeln (Kugelkäfige) können herausgenommen werden, ebenso die andere Kurbel mit Kettenrad und anhängender Welle.

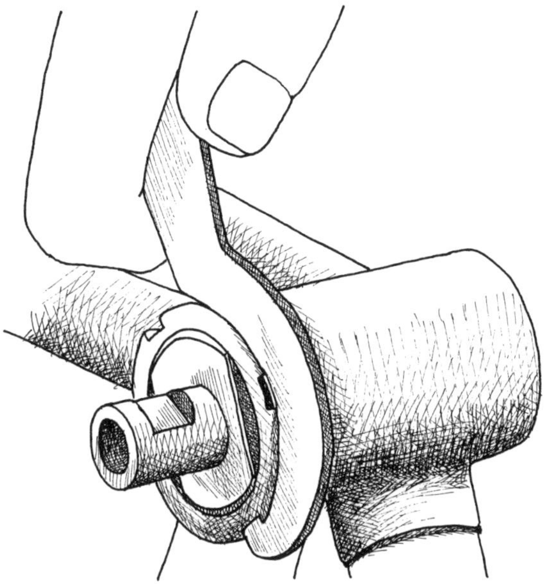

Die sauberste Lösung: ein Hakenschlüssel

Die Teile werden gereinigt, untersucht und gegebenenfalls ersetzt (siehe „Kugellager"). Ein beschädigter Konus am Kettenrad zwingt zum Neukauf des Tretlagers.

Zusammenbau des Lagers

1. Neue Lagerschalen müssen so eingeklopft werden, daß sie ohne Zwischenraum an der Muffe sitzen (siehe auch „Steuersatz").
2. Kugeln oder Kugelkäfige auf der rechten (Kettenrad-) Seite einlegen; Welle mit anhängender Kurbel und Kettenrad einsetzen (wenn das Rad auf dem Kopf steht, wo war noch gleich die rechte Seite?).

3. Konus von der anderen Seite aufdrehen, nachdem auch dort die Kugeln eingelegt worden sind (aufdrehen bei Linksgewinden im Gegenuhrzeigersinn!). Lager einstellen (siehe ,,Kugellager").
4. Staubschutzdeckel aufsetzen, er paßt genau - solange drehen, bis er plan auf dem Konus liegt. Zwischenring aufschieben und die flache Kontermutter festziehen (bei Linksgewinden im Gegenuhrzeigersinn).
5. Lauf überprüfen: Wenn das Lager noch zuviel oder zuwenig Spiel hat, muß die Prozedur wiederholt werden
6. Kurbel in richtiger Position aufsetzen
7. Keil einsetzen. ACHTUNG: Liegt die flache Seite des Keils auch auf der ausgefrästen flachen Stelle der Welle? Der Keil soll so eingesetzt werden, daß die Gewindeseite mit Mutter in Drehrichtung zeigt. Kurbel, Keil und Welle sind sauber und leicht eingeölt. So zieht der Keil die Kurbel selbst in die endgültige Position. Keil leicht einschlagen. Erst dann Zwischenring aufschieben und Keil festschrauben.
8. Zur Kontrolle ein Hammerschlag auf das Keilende. Kann die Keilmutter jetzt noch weiter angezogen werden? Solange wiederholen, bis der Keil durch den Schlag nicht weiter herausrückt.

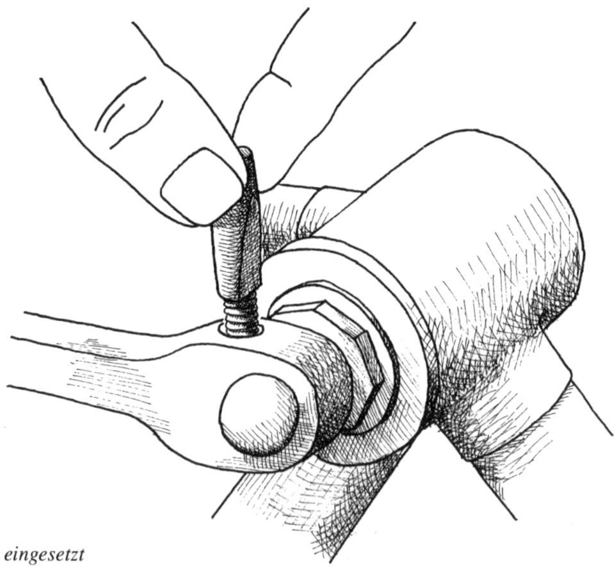

Der Keil wird eingesetzt

Beim Kauf von Einzelteilen müssen die verschiedenen Maße berücksichtigt werden. Tretlager gibt es in den Breiten 68 und 70 Millimeter, Keile mit 9 und 9,5 Millimeter Durchmesser. Linksgewinde am Tretlager gibt es außer bei deutschen auch bei einigen englischen Fabrikaten; französische und italienische haben auf beiden Seiten Rechtsgewinde.

Pedale

Auf den ersten Blick lassen sie sich in vier Gruppen einteilen: Tourenpedale (mit Gummiblöcken und Rückstrahlern), Renn- oder Rattrap-Pedale (zu deutsch Rattenfallen-Pedale, sieht auch so ähnlich aus), Mountain-Bike-Pedale und Sicherheits- oder Clickpedale. Letztere fährt man mit Spezialschuhen, die fest ins Pedal einrasten. Rückstrahler sind für den Straßenverkehr vorgeschrieben (siehe auch „Beleuchtung"), die meisten Rennpedale lassen sich nachrüsten.

Tourenpedal

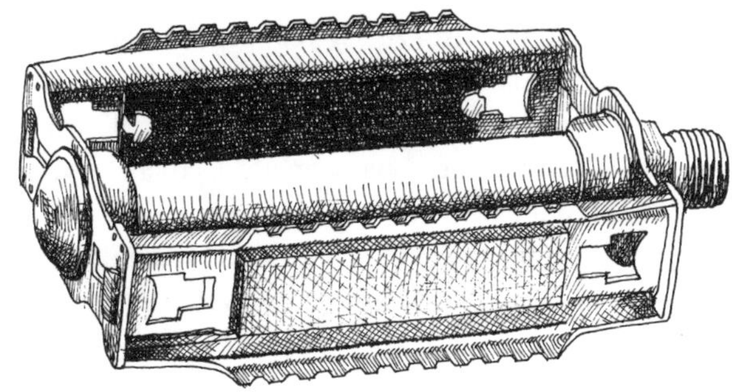

Konventionelles Rennpedal (Rattrap) mit Reflektoren

MTB-Pedal

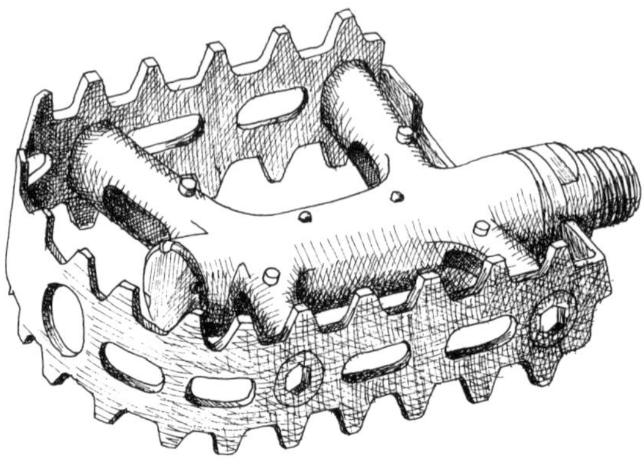

Problem: Pedale knacken, drehen schwer, haben Spiel

Erstmal würd ich prüfen, ob die Pedale überhaupt noch die Mühe wert sind, sie zu überholen. Besonders Tourenpedale mit schiefgetretenen Gummis und kaputten Rückstrahlern sollte man besser gleich ersetzen. Sind die Pedale aber äußerlich in Ordnung:

Überholen der Pedale

Torpedoschlüssel
Wasserpumpenzange
Zeit: 30 Min.

1. Pedale von der Kurbel abschrauben (Torpedoschlüssel). Das linke Pedal hat ein Linksgewinde (Abschrauben im Uhrzeigersinn), das rechte ein Rechtsgewinde. Damit man sie beim Einschrauben nicht verwechselt, sind die Pedale mit den Buchstaben L und R gekennzeichnet.
2. Staubschutzdeckel entfernen. Bei besseren Rennpedalen sind sie von Hand abschraubbar, sonst sind sie normalerweise nur aufgesteckt - aber bombenfest. Also zuerst reinigen, damit man überhaupt sieht, wo die Fuge ist. Ehe Sie fortfahren, sehen Sie den Deckel bitte nochmals an. Hat er keine Ansatzflächen für Schraubenschlüssel oder Finger? In dem Fall müßte er natürlich abgeschraubt werden. Gut, er hat keine. Fuge mit einem dünnen Schraubenzieher oder einem kräftigen Messer erweitern. Deckel mit der großen Zange fassen und drehend abziehen. Das Kugellager mit den schon bekannten Einzelteilen wird sichtbar:
3. Kontermutter normal abdrehen (Konus festhalten) und Zwischenring abnehmen

4. Tuch unterlegen und Konus herausdrehen. Schon kommen die schwarzen Kugeln aus den Lagern gesprungen.
5. Jetzt läßt sich die Pedalachse von der anderen Seite herausziehen. Die Kugeln werden nachgezählt und in zwei gleichgroßen Häufchen abelegt.
6. Teile untersuchen (siehe „Kugellager")

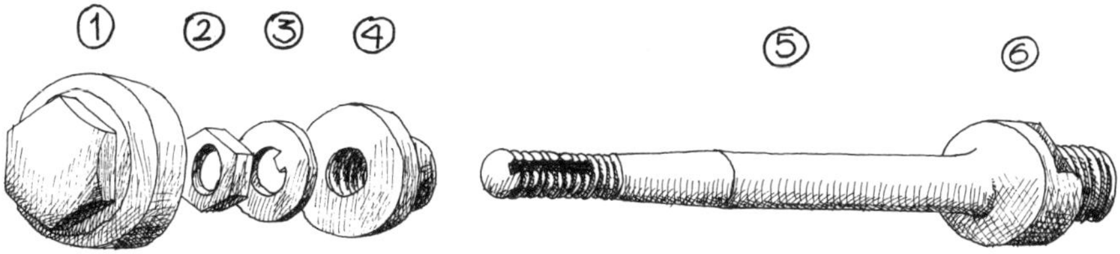

Pedalachse:
1 Staubdeckel
2 Kontermutter
3 Zwischenring
4 Schraubkonus
5 Achse
6 Festkonus mit Ansatzflächen zum Einschrauben des Pedals in die Tretkurbel

Einbau

7. Pedale so halten, daß die innere Lagerschale nach oben zeigt. Kugeln einlegen (siehe „Kugellager"), Achse durchstecken und von der anderen Seite gleich festhalten, auf daß keine Kugeln herausfallen
8. Nun auch die andere Seite fertigmachen, Lager einstellen und kontern wie im Kapitel über Kugellager beschrieben
9. Linke Pedale (die mit dem L) in die linke Kurbel einschrauben - na klar, im Gegenuhrzeigersinn. Rechts geht's genau umgekehrt. Pedale müssen sehr fest eingeschraubt werden!

Wie wär's mit **Pedalhaken**? Das sind Bügel, die den Schuh am Pedal halten. Das ist nicht nur etwas für Rennfahrer; es gibt auch Haken, die auf Tourenpedale montiert werden können.

Mini-Haken für Tourenpedale

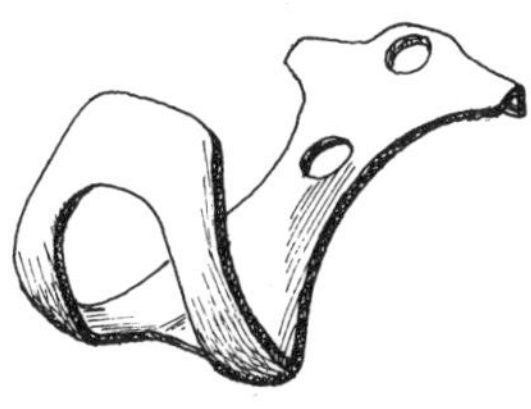

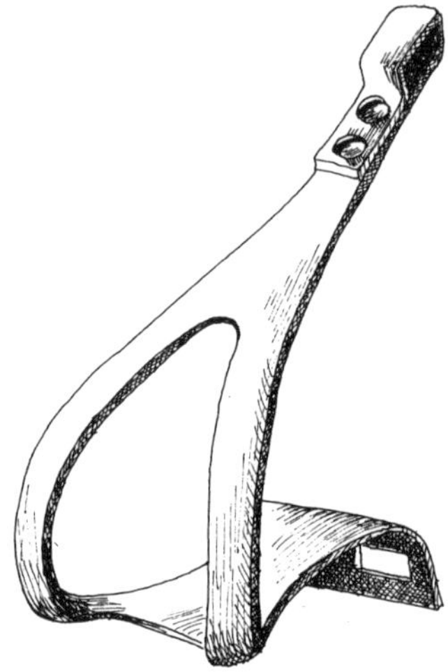

Rennhaken

MTB-Haken

Mini-Haken gehen nur über die Fußspitzen und bieten nicht soviel Halt wie große Haken, denn die werden zusätzlich noch mit Riemen am Schuh gehalten. Das ist nur am Anfang etwas unheimlich, weil man notfalls nicht ganz so schnell von den Pedalen kommt, wie man das sonst gewohnt ist. Der große Vorteil der Haken liegt in einer besseren Pedaltechnik - da lohnt das Ausprobieren schon.

Tretkurbeln (Kurbelarme)

Die linke Kurbel geht ihren Weg allein, wogegen die rechte sich mit dem Kettenrad eingelassen hat. Kurbeln gibt es in unterschiedlicher Länge, normal sind 170 Millimeter. Ärger machen sie kaum, höchstens hegt man mal den...

Verdacht: Kurbel lose (nur Keillager)

1. Setzen Sie sich aufs Rad, lehnen Sie sich gegen eine Wand
2. Die Pedale stehen waagerecht. Sie stellen sich auf die Pedale und belasten sie ruckweise mit dem ganzen Körpergewicht. Gibt eine nach?
3. Kurbeln um 180 Grad drehen und dasselbe versuchen. Wenn dabei eine Kurbel den Sitz verändert, ist sie nicht ausreichend mit der Kurbelwelle (Tretlagerwelle) verbunden.
4. Jetzt muß zunächst der Keil raus (siehe „Tretlager"). War kein Zwischenring mehr dabei? Dann hat sich der Keil wohl deswegen gelockert. Auch ein verbogener Keil oder einer mit zerstörtem Gewinde kann die Kurbel nicht mehr halten. Endlich gibt es noch die Möglichkeit, daß in diesem Kurbelarm ein zu kurzer oder zu langer Keil steckte. Einen zu langen kann man durch einen oder zwei zusätzliche Zwischenringe austricksen, aber nur als Notbehelf. Möglich ist außerdem, daß der Keil zu mager ist (9 statt 9,5 Millimeter).

Kettenrad (Kettenblatt, Zahnkranz, Antriebsrad)

Sie fahren ein Rad mit Nabenschaltung oder ganz ohne Schaltung? Dann werden Sie einen fest mit der rechten Kurbel verbundenen Zahnkranz haben, wahrscheinlich mit 46 oder 44 Zähnen.

Für Kettenschaltungen werden dagegen anspruchsvollere Modelle benötigt. Die Kurbel endet in einem drei- oder fünfarmigen Stern, an dem zwei oder drei unterschiedlich große Kettenblätter befestigt sind (bei Rennrädern häufig mit 42 und 52 Zähnen). Für die Befestigungsschrauben wird übrigens ein kleiner Spezialschlüssel benötigt. Ein Kettenrad mit mehr Zähnen ergibt bei gleicher Tretgeschwindigkeit einen größeren Streckengewinn als ein kleines Kettenrad, dafür muß man mehr Kraft aufwenden.

Rechte Tretkurbel mit Doppelkettenrad

Wenn - was selten geschieht - mit dem Kettenrad etwas nicht in Ordnung ist, kann es sich um zwei Dinge handeln.

Problem: Kettenrad schlägt

Es ist verbogen und schlägt beim Drehen in die eine oder andere Richtung aus. Den Sitz des Tretlagers haben Sie schon überprüft? Daran kann es also nicht liegen.

Kettenrad richten

Hammer
Zeit: 20 Min.

1. Schlägt das Kettenrad nur an einer Stelle aus? Oder ist es so verbogen, daß es eiert? Das Richten mit dem Hammer hat nur Zweck, wenn es sich um geringe Unregelmäßigkeiten handelt!
2. Markieren Sie die Stelle, die gerichtet werden soll. Wenn das Kettenblatt demontiert werden kann, nehmen Sie es jetzt ab. Sonst:

3. Legen Sie das Rad so auf den Boden, daß die Seite des Kettenrades, auf die geschlagen werden soll, oben liegt:
4. Wo Sie nicht klopfen wollen, weil das Kettenrad gerade ist, legen Sie etwas unter - Bretter, Ziegelsteine, Eisenbahnschienen o.ä. Nun schwebt also nur noch der Teil frei, der bearbeitet werden muß.
5. An der richtigen Stelle mit dem Hammer (mindestens 300 g) wirken. Nur einen Schlag, dann erst wieder kontrollieren. Nochmal: Kleine Dellen können so ausgeglichen werden, aber mehr nicht!

Problem: Kette klemmt auf dem Kettenrad
Beäugen Sie das Teil von der Seite. Haifischzähne? Das ist ein Indiz langer Benutzung. Die Kettenglieder haben sich dort, wo sie von den Zähnen transportiert werden, tief ins Metall des Zahnkranzes gegraben. Dieses Stück kann man höchstens noch als Wandschmuck verwenden; zum Radfahren taugt es nicht mehr und muß ersetzt werden. Einfach, wenn's eine Kurbel mit auswechselbaren Kettenrädern ist. Andernfalls muß die Kurbel mit dem Zahnkranz ausgewechselt werden. Das Vorgehen ist dem Abschnitt „Tretlager“ zu entnehmen.

P.S. Wenn das Kettenrad erneuert wird, ist leider auch gleich eine neue Kette und oft auch ein neuer Zahnkranz fällig; die drei müssen sich nämlich aufeinander einspielen.

Kette

Ein Antriebselement von der Art unserer Fahrradketten ist schon seit 230 v.Chr. überliefert. Allerdings brauchte man sie nicht zum Fahrradfahren, sondern zum Spannen eines Pfeilgeschützes. Auch von Leonardo da Vinci ist die Zeichnung einer Gelenkkette überliefert. Als Fahrradantrieb hat sie sich allerdings erst recht spät durchgesetzt. Neben der Kette gab es eine ganze Reihe verschiedener Antriebe; faszinierend vor allem Samuels Dreirad mit Handkurbeln oder der direkte Beinantrieb der Draisine, die heuschreckenhaften Trethebel beim „Xtraordinary“ und auch die Kardanwelle vom Pierce Bicycle.

Ab 1900 hat die Kette jedoch alle Konkurrenten überrundet, und deshalb müssen wir uns mit ihr beschäftigen. Kettenschaltungen verwenden schmale Ketten im Maß 1/2" x 3/32". Sie ist schlanker als die Standardkette, weil sie zwischen den engstehenden Ritzeln auf der Hinterradnabe noch Platz finden muß. Die Standardkette für Rücktritt - und Mehrgangnaben trägt die Bezeichnung 1/2" x 1/8".

Problem: Kette läuft ab

Vielleicht ist die dringendste Frage, wie man sie schnell wieder hinaufbekommt? Ganz einfach:

1. Kette auf das Kettenrad auflegen
2. Sie halten sie so auf der Oberseite des Kettenrades fest, daß sie beim Vorwärtsdrehen oder -treten der Pedale ganz hinaufgezogen wird. Diese Maßnahme ist allerdings ausgesprochen kurzfristig; besser, Sie beseitigen die Ursache.

Test

1. Läßt sich die Kette, wenn sie auf dem Kettenrad aufliegt, ein Stück nach vorne abheben? Dann ist sie ausgeleiert und muß weg!
2. Ziehen Sie die Kette in der Mitte zwischen Kettenrad und Ritzel zur Seite. Das seitliche Spiel darf nicht mehr als ca. 2,5 Zentimeter betragen.
3. Ziehen Sie an derselben Stelle die Kette nach oben und unten: Sie sollte nicht mehr Spiel als circa dreizehn Millimeter haben, das entspricht der Dicke einer Streichholzschachtel. Dieser Test gilt nicht für Kettenschaltungen.

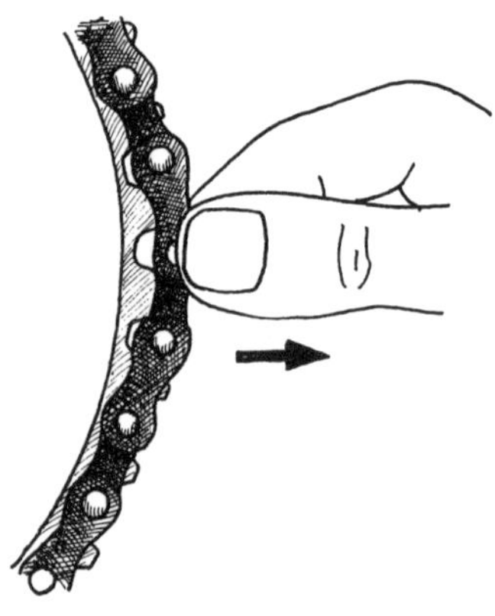

Kettentest

Problem: Kette hängt durch (Rücktrittnabe oder Nabenschaltung)

Kette spannen

Schraubenschlüssel
Schraubenzieher
Zeit: 10 Min.

1. Velo auf Lenker und Gabel stellen
2. Hinterradmuttern beziehungsweise die Schnellspannvorrichtung lösen
3. Ziehen Sie das Hinterrad soweit zurück, daß die Kette wieder gespannt ist und...
4. fixieren Sie das Rad in dieser Stellung. Bei Tourenrädern mit sogenannten Rohrschlitzenden erreicht man das durch Kettenspanner. Deren Muttern werden solange (auf beiden Seiten gleichmäßig) angezogen, bis die gewünschte Spannung erreicht ist. Bei Sport- und anderen Rädern zieht man das Hinterrad einfach in die Ausfallenden hinein und klemmt es direkt mit den Radmuttern fest. Damit es bei Aus- und Einbau ohne langes Probieren wieder in die richtige Stellung eingesetzt werden kann, lassen sich Begrenzer in die Ausfallenden einsetzen (es gibt welche zum Schrauben für Ausfallenden mit Bohrungen und zum Klemmen für alle Fabrikate, siehe Abbildung).

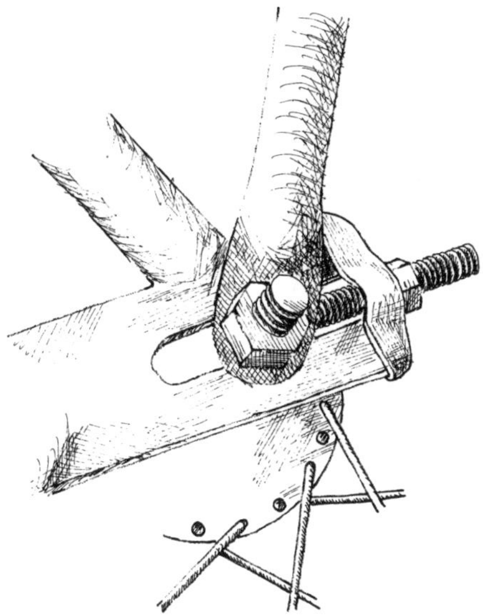

Die Hinterradachse sitzt in den Rohrschlitzenden und wird durch Kettenspanner in der richtigen Lage gehalten

5. Kontrolle: Fassen Sie ein Pedal und drehen Sie die Kurbel kräftig durch. In der Mitte zwischen Kettenrad und Ritzel soll die Kette nicht schwingen (siehe „Test"). Sie darf jedoch nicht so stramm gespannt sein, daß es sich nur schwer kurbeln läßt. Läßt die Kette sich nicht mehr spannen? Hängt sie trotz zusammengeschraubter Kettenspanner beziehungsweise herausgeschraubter Begrenzer immer noch schlaff? Bei einer Kettenschaltung sollten Sie sich zuerst vergewissern, ob das Problem nicht in der Federung des Schaltwerks begründet liegt (siehe „Kettenschaltung", Abschnitt Schaltwerk). Sonst richten Sie sich nach der folgenden Anleitung ab Nr. 3:

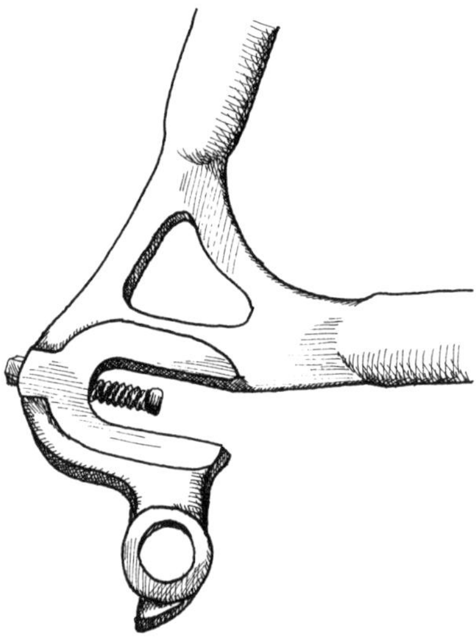

Bei sportlichen Rädern wird die Hinterradachse in die Ausfallenden geschoben und mittels einer langen Schraube (Begrenzer) richtig positioniert

Kette kürzen (öffnen)

Schraubenzieher
Nietendrücker oder
Feile, Hammer, Nagel
Zeit: 25 Min.

1. Kette öffnen. Normalketten haben ein Kettenschloß. Es besteht aus drei Teilen und ist in der Kette an seiner eigenartig geformten Feder zu erkennen. Es wird geöffnet, indem Sie einen Schraubenzieher senkrecht vor

das offene Federende setzen, ihn mit dem Daumen der anderen Hand abstützen und die Feder herausdrücken.

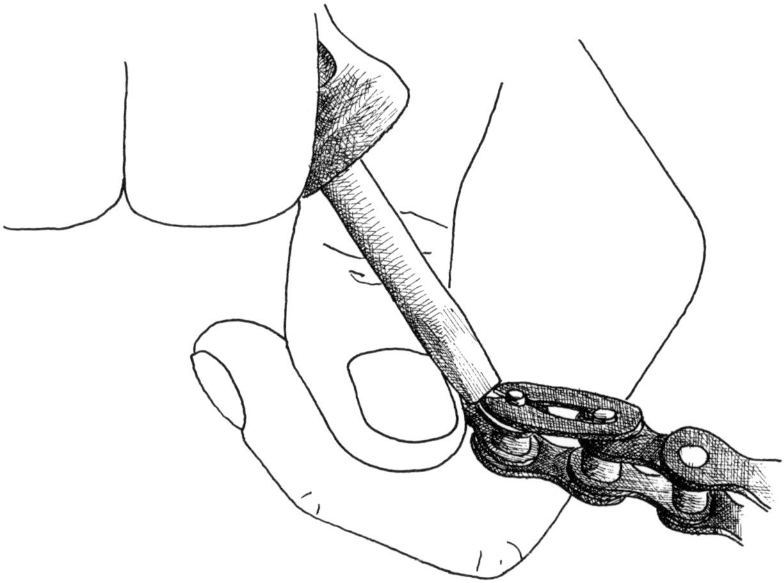

Die Feder des Kettenschlosses wird herausgedrückt

2. Das Nachspannen der Kette hatte nichts gebracht; sie muß um ein Glied verkürzt werden. Das Verkürzen besteht aus der Entfernung einer Niete. Damit nachher das Kettenschloß wieder eingefügt werden kann, muß nicht die erste, sondern die zweite Niete herausgedrückt werden. Nicht alle Ketten sind so leicht gebaut, daß man eine Niete mit Hammer und Durchschlag (oder einem passenden Stahlnagel) heraustreiben könnte. Auf jeden Fall eine passende Unterlage wählen, zum Beispiel den Schraubenschlüssel, so daß die Niete nach unten heraus kann. Mit einer Feile haben Sie den Nietenkopf in anderthalb Minuten weggefeilt. Dann ist es ein Kinderspiel, die Niete mit einem einzigen Schlag auf den aufgesetzten Nagel zu verabschieden.
3. Die Endloskette an Kettenschaltungen wird mittels Nietendrücker geöffnet. Aber auch zum Verkürzen einer breiten Kette ist er das ideale Instrument. Dazu wird die jeweilige Niete mit dem Stift des Nietendrückers einfach aus dem Kettenglied herausgepreßt. Soll eine Endloskette geöff-

net werden, drückt man die Niete nur soweit heraus, daß sie noch in der äußeren Lasche hängt. Beim Einbau der Endloskette läßt sich mit dem Werkzeug wieder ein Nietkopf ausformen und so die Kette wieder schließen (Abbildung). Auf diese Weise kann man, falls nötig, die Kette auch verlängern (das kann der Fall sein, wenn man größere Antriebsräder einbaut). Inzwischen gibt es Kettenschlösser auch für schmale Rennketten.

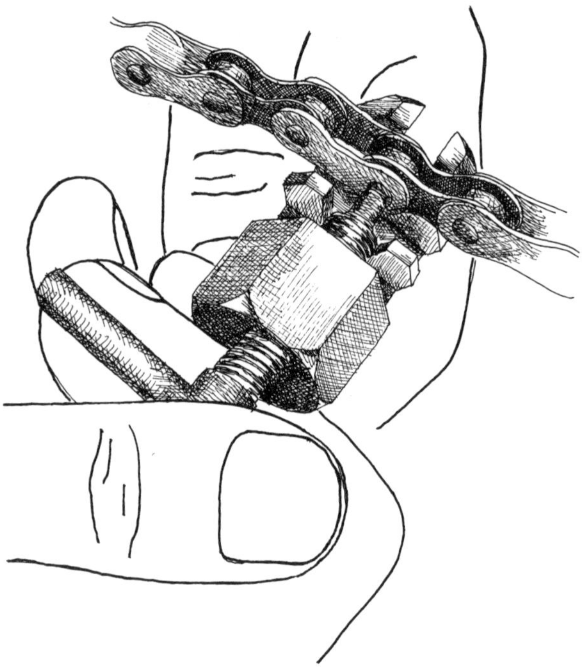

Die Arbeit mit dem Nietendrücker

Montage der Kette (Kettenschloß) Zeit: 6 Min.

1. Die Kette ist verkürzt und kann wieder montiert werden. Schieben Sie das Hinterrad soweit wie möglich nach vorn.
2. Legen Sie die Kette über das Ritzel und ziehen Sie sie so nach vorne, daß beide Endglieder nebeneinander auf dem Kettenrad liegen und nicht verrutschen können (hierbei kann man gut einen Helfer gebrauchen)
3. Stecken Sie von innen das Kettenschloß-Unterteil durch, legen Sie das Deckblatt auf. Die Feder muß so aufgesetzt werden, daß ihr geschlossenes Ende in die Drehrichtung der Kette zeigt:

4. Ziehen Sie die Feder über eine Niete des Unterteils (Niete muß im äußersten Ende der Feder sitzen, siehe Abbildung).

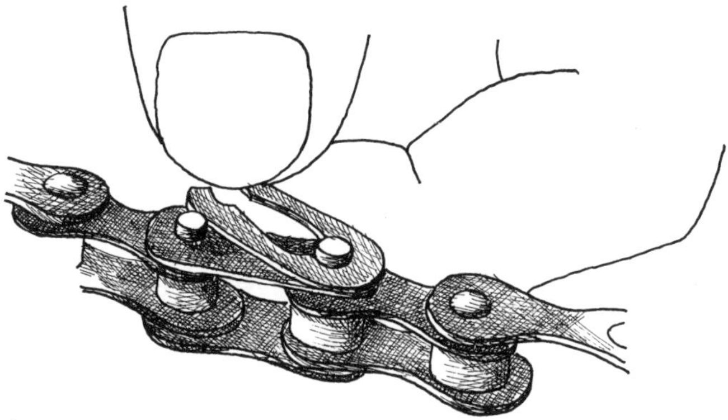

Die Feder wird aufgelegt...

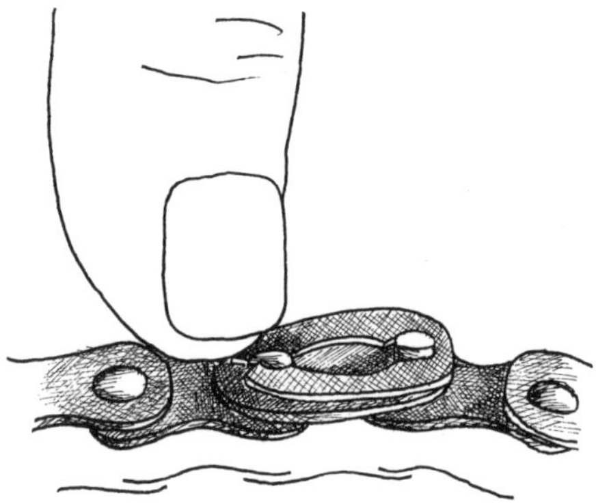

...und heruntergedrückt

5. Legen Sie beide Federenden schräg über die andere Niete.
6. Drücken Sie mit dem Daumennagel erst ein Federende in die Rille der Niete, dann das andere.

Problem: Kette knackt

Sind Kettenrad und Ritzel unversehrt? Dann haben Sie die Kette verrosten lassen. Gönnen Sie dem Velociped eine Tag Pause. Solange muß die Kette nämlich eingelegt werden, am besten in Benzin oder Petroleum (Diesel, Heizöl). Im Benzinbad muß die Kette einweichen und gereinigt werden (Ihre Zahnbürste wäre vorzüglich geeignet...). Zum Abtropfen auf Zeitungspapier legen. Nach dem Aufsetzen muß die Kette geölt oder gefettet werden, und zwar jedes Glied für sich.

Problem: Kette schwergängig durch Verkrustung

Schmutz- und Schmierablagerungen können ebenfalls im Bad entfernt werden (s.o.).

P.S. Eine neue Kette läuft am besten auf neuem Kettenrad und neuem Ritzel.

Hinterrad

Nabe mit Rücktritt und Freilauf

In der Hinterradnabe begegnet Ihnen der wohl komplizierteste Bestandteil Ihrer Draisine - und doch, man kann schnell mit ihm vertraut werden. Außer der normalen Funktion einer Radnabe findet man hier ein Antriebselement vor: das Ritzel. Ein kleiner Zahnkranz, der über die Kette das Hinterrad in Bewegung versetzt. Ferner gibt es den Freilauf, der vor über 100 Jahren erfunden wurde. Ein ausgesprochen nützliches Teil - ohne müßte man bei jeder Geschwindigkeit, in jeder Situation stets mitstrampeln!

In derselben Nabe findet schließlich auch noch die Rücktrittbremse Platz, die allerdings in anderen Ländern nicht so populär ist wie in Deutschland. Ob die Nabe einen Rücktritt hat, läßt sich auf einen Blick feststellen. Das typische Merkmal ist der Bremshebel, der mit einer Rohrschelle (Manschette) am Rahmen befestigt ist. Ohne Bremshebel ist es lediglich eine Freilaufnabe, mit der keine Bremsprobleme auszufechten sind. Das Vorgehen bei der Demontage bleibt trotzdem dasselbe.

Die nachfolgenden Anleitungen orientieren sich an den Torpedo-Naben. Die Bauweise anderer Naben ist ähnlich.

Problem: Hinterrad eiert

siehe „Vorderrad"

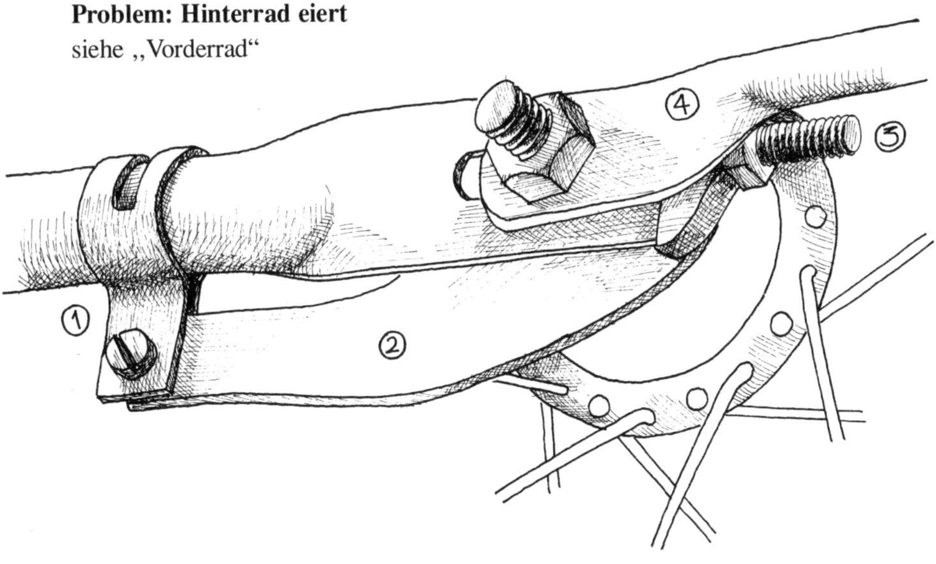

Hinterrad-Rücktrittnabe: 1 Rahmenschelle, 2 Bremshebel, 3 Kettenspanner, 4 Schutzblechhalter

Problem: Ritzel beschädigt
Zur Reparatur muß das Hinterrad ausgebaut werden.

Ausbau des Hinterrades

Schraubenschlüssel
Zeit: 6 Min.

1. Rohrschelle des Bremshebels lösen. Bei dieser Gelegenheit gleich den Sitz der Rohrschelle prüfen. Sitzt sie ganz stramm um das Rohr und hält den Bremshebel unverrückbar fest? Wenn nicht, messen Sie die Rohrstärke aus; eine neue Schelle muß her. Diese Maßnahme ist sehr wichtig für eine gute Bremswirkung. Es gibt passende Schellen für jede Rohrstärke. Bei manchen alten Hinterradnaben wird der Bremshebel statt mit einer Schraubschelle durch einen Bügel am Rahmenrohr gehalten
2. Radmuttern lösen, Zwischenring, Unterlegscheiben usw. abnehmen. Kettenspanner ganz zurückschrauben, so daß das Hinterrad nach vorn geschoben werden kann (bei Ausfallenden ist das gleich nach dem Lösen der Radmuttern möglich)
3. Kette vom Ritzel heben, über die Achse wegheben und auf dem Rahmen hängen lassen. Rad herausnehmen

Ausbau bei Hollandrädern siehe „Kettenschutz“

Ritzel (Zahnkranz) auswechseln

Hammer
Schraubenzieher
Zeit: 8 Min.

A. alte Hinterradnabe
Daran zu erkennen, daß über dem Zahnkranz ein Gewindering mit einer Einkerbung liegt. Er sieht harmlos aus, aber er hat es in sich: ein Linksgewinde nämlich. Um ihn mit passendem Hakenschlüssel (aber wer hat den schon?) oder mit Hammer und Schraubenzieher loszubekommen (Uhrzeigersinn!), müssen Sie das ganze Rad festhalten. Sitzt er sehr fest, Rostlöser drauf oder notfalls mit der Lötlampe warmmachen.

B. Hinterradnabe mit Sprengring
Er schmiegt sich in eine Rille und hält das darunterliegende Ritzel fest. Auf einer Seite ist er offen. Mit einem oder, noch besser, zwei schmalen Schraubenziehern können Sie...

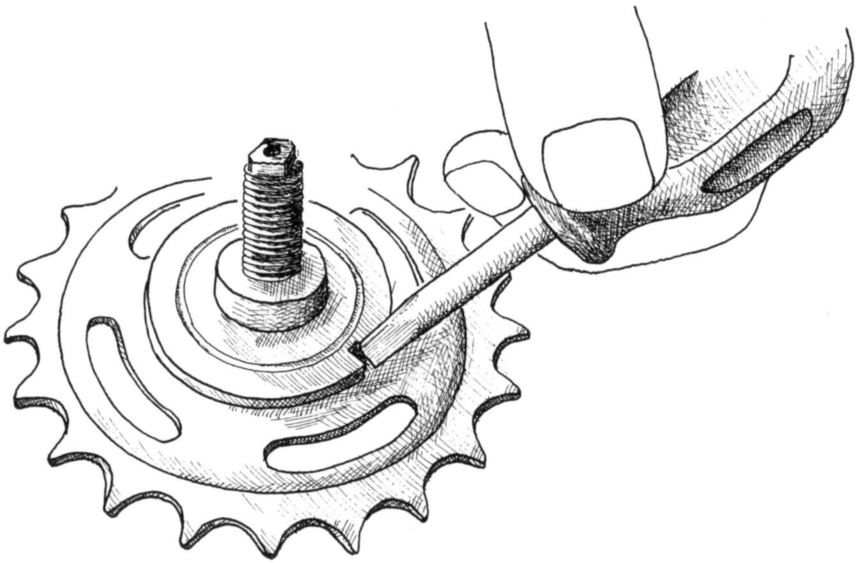

Altes Modell: Gewindering mit Linksgewinde

1. unter den Sprengring fassen und ihn heraushebeln. Beim Abhebeln eines Sprengrings immer vom Körper weg arbeiten! ACHTUNG: Der Sprengring wird versuchen, Sie anzuspringen. Drücken Sie ihn auf der gegenüberliegenden Seite - wo nicht gehebelt wird - mit einem Tuch runter. Das offene Ende heben Sie also über die Rille hinaus. Bleibt der Ring dort liegen? Fassen Sie dieses Ende mit sicherem Griff und ziehen ihn ganz einfach ab.
2. Bevor Sie das Ritzel abheben: Ist es flach oder gewölbt? Wenn es gewölbt ist, sind dadurch die Zähne nach innen oder nach außen versetzt? Merken! Befinden sich über oder unter dem Ritzel noch Distanzringe? Sie sollen, genau wie die Wölbung des Ritzels, dafür sorgen, daß Ritzel und Kettenrad fluchten (in einer Linie liegen und nicht seitlich versetzt sind). Diese Distanzringe legen Sie am besten in der Reihenfolge des Ausbaus auf einem Tuch aus.

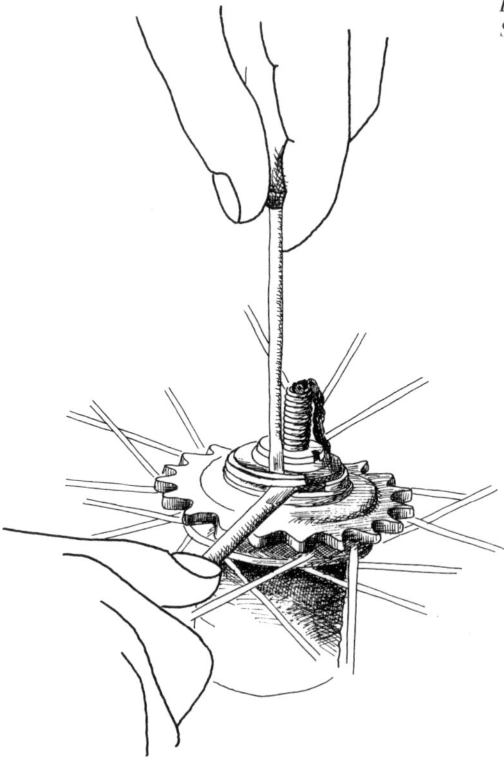

Die Unterwerfung des Sprengrings

Bevor Sie ein neues Ritzel kaufen - waren Sie bisher mit der Übersetzung zufrieden? Wenn Ihnen das Treten insgesamt zu anstrengend war, wählen Sie jetzt ein Ritzel mit mehr Zähnen. Das erleichtert die Pedalarbeit, reduziert aber die Geschwindigkeit. Oder ging das Treten allzuleicht und Sie mußten beim Schnellfahren zu sehr strampeln? Dann hilft ein Ritzel mit weniger Zähnen. Unter Umständen kann es nötig sein, nach dem Einsetzen eines kleineren Zahnkranzes die Kette zu kürzen (siehe „Kette“).

Das neue Ritzel wird nun genauso eingesetzt (Reihenfolge der Distanzringe beachten!), wie das alte vorgefunden wurde.

3. Sprengring mit einem offenen Ende in die Rille legen und dort festhalten. Das andere Ende kann man nun leicht in die Rille hebeln.
4. Rad einsetzen - Bremshebel soll dabei schon in der Nähe der Schelle liegen

5. Kette aufs Ritzel heben
6. Rohrschelle am Bremshebel befestigen, aber noch nicht festziehen
7. Rad nach hinten ziehen, bis die Kette richtig gespannt ist und das Rad gerade im Rahmen hängt
8. Kettenspanner anziehen (bei Ausfallenden Begrenzer einstellen)
9. Radmuttern anziehen
10. Bremshebel mit Rohrschelle starr am Rahmenrohr befestigen

Problem: Hinterrad hat seitliches Spiel

Sind die Radmuttern fest angezogen? Läßt sich das Rad, am Reifen angefaßt, deutlich hin- und herbewegen? Dabei hört man ein charakteristisches leises Knackern in der Nabe. Dann muß lediglich die Lagerung nachgestellt werden, eine Arbeit, die Sie wahrscheinlich schon von anderen Lagern her kennen.

Einstellen des Hinterradspiels

Schraubenschlüssel
Konusschlüssel
Torpedoschlüssel
Zeit: 15 Min.

A. Endet die Achse auf der rechten (Zahnkranz-)Seite in einem Vierkantstück? Dann muß das Rad zum Einstellen nicht ausgebaut werden.

1. Radmuttern lösen
2. Kontermutter links lösen (Torpedoschlüssel). Wie sie aussieht, können Sie der Abbildung entnehmen.
3. Torpedoschlüssel auf das Vierkantende setzen. Drehen Sie im Uhrzeigersinn, stellen Sie das Lager fester.
4. Spiel überprüfen (siehe auch „Kugellager“)
5. Kontermutter anziehen, Radmuttern anziehen

B. Sind beide Achsenden rund? Dann...

1. Hinterrad ausbauen
2. Linke Kontermutter lösen
3. Mit dem Bremshebel den direkt dahinterliegenden Konus festdrehen (Spiel einstellen, siehe „Kugellager“). Dreht die Achse mit? Dann rechten Konus mit Konusschlüssel festhalten. Dreht immer noch mit? Rech-

ten Konus mit Kontermutter kräftig kontern, dann beim Einstellen des linken gegenhalten.
4. Überprüfung: Bei festangezogener (linker) Kontermutter muß das Hinterrad jetzt ohne Reibung und ohne seitliches Wackeln frei laufen können
5. Hinterrad einbauen

Problem: Hinterrad klemmt
Das Rad läßt sich nur schwer bewegen. Ist es richtig im Rahmen befestigt, klemmt es wirklich in der Nabe und schleift es nicht etwa am Rahmen? Das Problem ist fast identisch mit dem vorher beschriebenen: Das seitliche Spiel der Hinterradnabe ist nicht korrekt eingestellt. Richten Sie sich nach der vorangegangenen Anleitung.

Problem: Hinterrad knackt
Gleichzeitig dreht es schwer. Wie Sie inzwischen wissen, liegt das Übel in den Kugellagern. Anfangs wird es sich nur um zu großes seitliches Spiel gehandelt haben. Dann ist irgendwann soviel Zwischenraum entstanden, daß Kugeln oder Teile des Kugelkäfigs eingeklemmt wurden und Unheil anrichten konnten. Mit Nachstellen ist es jetzt nicht mehr getan:

Demontage der Hinterradnabe

Schraubenschlüssel
Torpedoschlüssel
Schraubenzieher
Zeit: 25 Min.

1. Rad herausnehmen
2. Kontermutter auf der Bremshebelseite abdrehen, Zwischenring abnehmen. Ein Schraubstock erleichtert die Arbeit sehr, indem man das vierkantig ausgeformte Achsende auf der Ritzelseite einspannt. Aber nicht das Gewinde!
3. Mit einer Hand drücken Sie das Ritzel fest gegen die Nabenhülse, damit beim Lockern nichts herausfällt. Mit der anderen schrauben Sie das Vierkantende der Achse los (Torpedoschlüssel). Steckt es im Schraubstock, wird das ganze Laufrad entsprechend gedreht. Dadurch wird die Achse jetzt aus dem Bremskonus (auf der Gegenseite) herausgedreht und entläßt das ganze Innenleben der Nabe aus seiner straffen Ordnung. Sollte kein Vierkantende vorhanden sein, fassen Sie am Bremshebel an und schrauben damit den Bremskonus heraus.

4. Rad auf die Ritzelseite legen - so kann dort nichts herausfallen
5. Untersuchen Sie Konus und Kugeln auf der obenliegenden Seite (siehe „Kugellager"). Der Kugelkäfig läßt sich übrigens nicht herausnehmen. Sind deutliche Schäden sichtbar, ist die Fehlerquelle schon entdeckt. Aber auch die andere Seite kann beschädigt sein. Erstmal den abgeschraubten Konus beiseitelegen.
6. Rad anheben, so daß die Achse auf der Ritzelseite (unten) herausgenommen werden kann. Halten Sie sie senkrecht, dann bleiben alle Teile drauf
7. Nun lassen sie sich nacheinander von der Achse pflücken, in Benzin reinigen und mit einem Lappen restlos säubern und trocknen. Legen Sie die Teile gleich in der richtigen Reihenfolge aus (mit den Abbildungen vergleichen!):

- Bremsmantel
- Bremskonus mit Friktionsfederhülse (verschiedene Modelle haben keine solche Friktionsfedern, sondern ein hervorstehendes Federende am Konus, das in den Schlitz des Bremsmantels paßt - X in der Abbildung)
- Walzenführungsring; den kriegen Sie erst herunter, nachdem der kleine Sprengring entfernt ist. ACHTUNG: Tuch unterlegen, gleich fallen fünf kleine Walzen heraus!
- Kugellagerkäfig
- Antreiber mit Ritzel
- Drehen Sie den Antreiber herum, entdecken Sie ein weiteres Kugellager, das durch einen Staubdeckel geschützt ist. Letzteren (vorsichtig, damit er nicht verbiegt) mit einem schlanken Schraubenzieher heraushebeln. ACHTUNG: lose Kugeln!

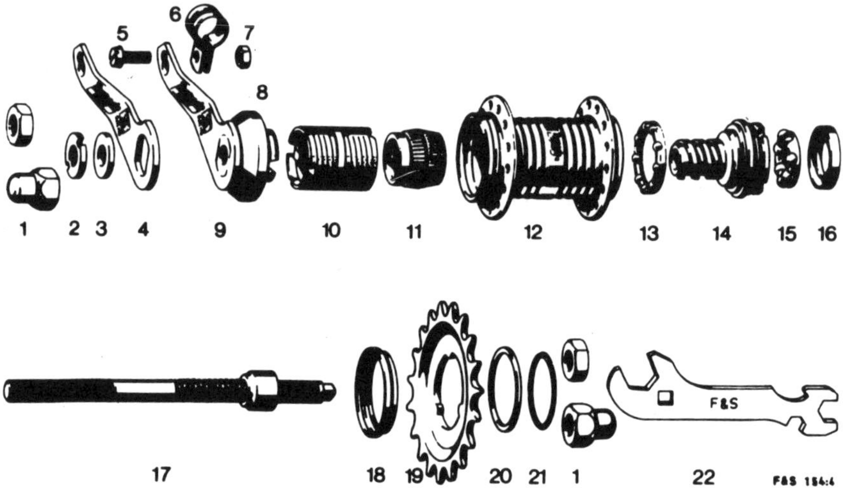

Torpedo-Komet-Nabe:

1 Sechskant- oder Hutmutter
2 Kontermutter
3 Sicherungsscheibe
4 Bremshebel
5 Schraube M 5
6 Rohrschelle
7 Mutter M 5
8 Staubdeckel
9 Hebelkonus
10 Bremsmantel
11 Antriebskonus
12 Nabenhülse
13 Kugelkäfig
14 Antreiber
15 Kugelkäfig
16 Staubdeckel
17 Achse
18 Staubdeckel
19 Ritzel
20 Beilagscheibe
21 Sprengring
22 Torpedoschlüssel

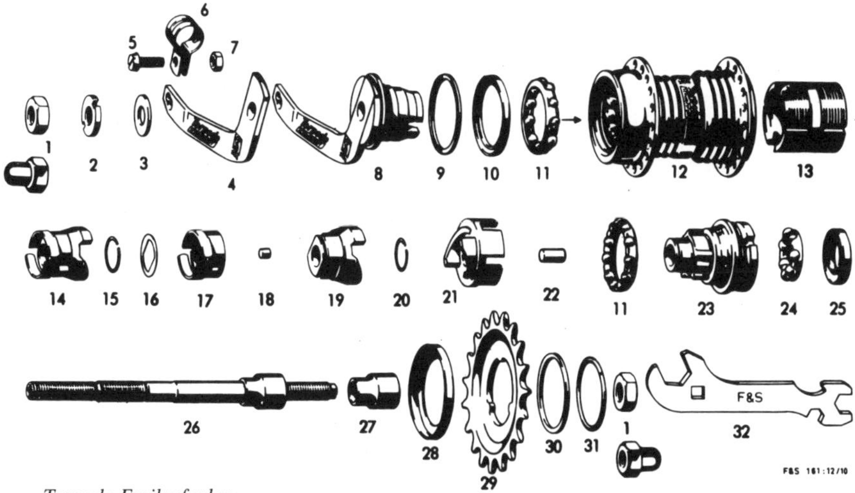

Torpedo-Freilaufnabe:

1 Sechskant- oder Hutmutter
2 Kontermutter
3 Sicherungsscheibe
4 Bremshebel
5 Schraube M 5
6 Rohrschelle
7 Mutter M 5
8 Hebelkonus
9 Hebelkonusdeckel
10 Einpreßdeckel für Nabenhülse
11 2 Kugelkäfige
12 Nabenhülse
13 Bremsmantel
14 Bremskonus kpl.
15 Sprengring
16 Scheibe
17 Friktionsfederhülse
18 Walze
19 Bremskonus (nackt)
20 Sprengring
21 Walzenführungsring
22 Antriebswalze
23 Antreiber
24 Kugelkäfig (Antreiber)
25 Staubdeckel
26 Achse
27 Festkonus
28 Staubdeckel
29 Ritzel
30 Scheibe
31 Sprengring
32 Torpedoschlüssel

Die vorangegangene Beschreibung orientiert sich an der Torpedo-Freilaufnabe. Beim Zerlegen der anderen Naben (Jet, Komet o.ä.) entfällt der Walzenführungsring, dafür hat man den Antriebskonus. Wer die Teile in der richtigen Reihenfolge auslegt, wird beim Zusammenbau keine Schwierigkeiten haben: Achse mit Zahnkranz und Antreiber von rechts einführen, die anderen Teile von links. Kugelkäfige mit der geschlossenen Seite nach außen einlegen.

Zum Einstellen des Lagers Bremshebel festhalten und Vierkantende der Achse mit Torpedoschlüssel drehen. Lesen Sie bei der Montage aber bitte auch die folgende Anleitung durch, die für das komplizierte Torpedo-Freilauf-Modell gilt.

Überprüfung der Lager und Montage der Nabe

Torpedoschlüssel
Schraubenschlüssel
Klebestreifen
Zeit: 25 Min.

1. Festkonus kontrollieren (bei Beschädigung Achse komplett ersetzen)
2. Achse gerade?
3. Lagerschale des kleinen Lagers im Antreiber (das ist der Teil, mit dem Sie sich zuletzt nach Entfernung des Staubdeckels befaßt haben) sowie die große Lagerschale im Antreiber überprüfen
4. Achse mit Festkonus und beide Lagerschalen des Antreibers makellos?
5. Kleine Lagerschale mit Fett und Kugeln füllen, Staubdeckel aufdrücken
6. Achse senkrecht halten; eventuell vorhandenes Vierkantende im Schraubstock einspannen. Antreiber mit fertigem Kugellager nach unten auf die Achse setzen. Dreht leicht? Lassen Sie einen Tropfen Öl an der Achse herunter in den Antreiber laufen
7. Kugelkäfig heil? Große Lagerschale des Antreibers einfetten, Kugelkäfig mit geschlossener Seite nach unten auflegen
8. Untersuchen Sie die zugehörige Lagerschale in der Nabenhülse. Beschädigt? Dann muß die Nabenhülse vom Fachmann begutachtet und wahrscheinlich erneuert werden
9. Stecken Sie die Achse, so wie sie ist, in die Nabenhülse und prüfen Sie die Leichtgängigkeit. Korrekt? Wieder herausnehmen, Lagerschale einfetten und Kugelkäfig mit der geschlossenen Seite zur Lagerschale auflegen.

10. Die Montage des Walzenführungsrings und gleichzeitig der Walzen könnte Zeit und Nerven kosten, wird aber durch Anwendung eines kleinen Tricks zum Kinderspiel. Kleben Sie außen um den Walzenführungsring einen Klebestreifen. Legen Sie das gute Stück mit den beiden gekurvten Steigzähnen nach unten vor sich hin. Drücken Sie die sauberen Walzen von innen an den Klebestreifen. So bleibt das Teil erstmal liegen.
11. Der Antreiber hat fünf trapezförmige Zähne, zwischen denen die Walzen zu liegen kommen. Bei näherem Hinsehen erweisen sich die Zwischenräume als unregelmäßig. Wichtig für Sie: Die Walzen kommen dorthin, wo diese Zwischenräume am tiefsten sind!
12. Drehen Sie nun vorsichtig den Walzenführungsring um. Hängen noch alle Walzen drin?
13. Führen Sie ihn über die Achse. Lassen Sie ihn so auf den Antreiber gleiten, daß die Walzen in dem vorher ausgespähten großen Zwischenraum Platz finden. War gar nicht so schwer, oder?
14. Ehe die Walzen flüchten können, schieben Sie den kleinen Sprengring auf die Achse und drücken ihn in die Rille des Antreibers. Das läßt sich sogar mit den Fingern machen. Damit sind Walzen und Führungsring gesichert. Haben Sie den Klebestreifen wieder entfernt?
15. Achse mit Antreiber in die Nabenhülse setzen (gegenüber dem noch eingebauten Kugellagerkäfig). Die folgenden Teile kommen jetzt von der anderen Seite hinein:
16. Bremskonus mit den Steigzähnen gegen die Steigzähne des Walzenführungsrings plazieren
17. Bremsmantel mit den Haltenasen nach oben auf die Friktionsfederhülse (welch ein Wort!) setzen. Mantel fetten (siehe Abschnitt „Schmierung“ am Ende des Kapitels) und Fettvorrat an den Haltenasen anbringen
18. Kontrolle: Zwischen Ritzel und Nabenhülse darf jetzt nichts mehr vom Kugellager zu sehen sein. Sollte das aber noch der Fall sein, hilft Hin- und Herdrehen.
19. Bremshebel mit Schrift nach oben (außen) in den Bremshebelkonus einlegen. Konus aufdrehen in Richtung auf das noch in der Hülse befindliche, neu eingefettete Lager. Wie Sie gesehen haben, sind im Bremshebelkonus zwei Aussparungen, in die die Haltenasen des Bremsmantels fassen. Beim Herunterschrauben kommt das richtige Einklinken meistens nicht gleich zustande. Halten Sie deshalb den Konus so, daß die Aussparungen genau über den Haltenasen stehen. Jetzt mit dem Vierkantende

der Achse (im Uhrzeigersinn) die Teile aneinander herandrehen, bis sie ineinanderfassen.

20. Spiel einstellen wie unter „Problem: Seitliches Spiel“ beschrieben
21. Zwischenring und Kontermutter aufsetzen, anziehen. Kontrolle: Läuft das Rad leicht? Wenn immer noch das entnervende Knacken zu hören ist, gibt es nur zwei Möglichkeiten:
    a. Lagerschalen und Konen wurden nicht sorgfältig genug untersucht, Riefen oder Narben übersehen, schadhafte Teile nicht ausgewechselt. Ansonsten:
    b. Die Lagerschale auf der Bremshebelseite ist beschädigt. Der Kugelkäfig wird hier durch einen Einpreßdeckel am Herausfallen gehindert. Den kriegen Sie aber nicht heraus - Fachmann oder Fachfrau fragen!

Problem: Nabe tritt im Antrieb oder beim Bremsen durch
Sie bremst nicht ausreichend oder schleift

A. Torpedo-Freilauf- oder ähnliche Nabe **Werkzeug s.o.**
Zeit: 40 Min.

1. Demontage wie vorangehend beschrieben (Nr. 1-7). Den Walzenführungsring brauchen Sie nicht abzunehmen und können auch das kleine Kugellager schlummern lassen!
2. Den kompletten Antreiber und den ebenfalls kompletten Bremskonus in Benzin reinigen
3. Friktionsfederhülse überprüfen und die Federschenkel gegebenenfalls aufbiegen. Der Luftspalt zwischen Federschenkel und Ring muß mindestens ein Millimeter betragen.
4. Antreiber und Bremskonus mit ihren Einzelteilen werden nur leicht eingeölt. Der Bremsmantel wird mit Spezialfett geschmiert (siehe „Schmierung“). Das kleine Kugellager am Festkonus wird gut, das große Lager leicht eingefettet. ACHTUNG: Das richtige Fetten und Ölen ist außerordentlich wichtig, um eine einwandfreie Bremswirkung zu erzielen!
5. Montage wie im vorangegangenen Abschnitt beschrieben

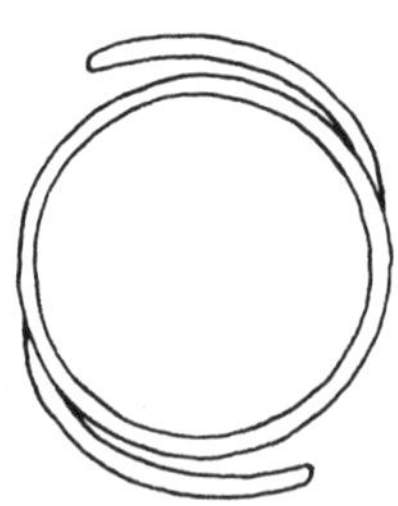

Friktionsfederhülse: Luftspalt mindestens 1 mm!

B. Jet- oder Komet-Nabe o.ä.

Ist das Spiel richtig eingestellt? Dann muß die Nabe zerlegt und folgende Teile überprüft werden:

1. Antriebskonus: Sind die Zähne (Riffelung auf Antriebs- und Bremsseite) abgeschliffen?

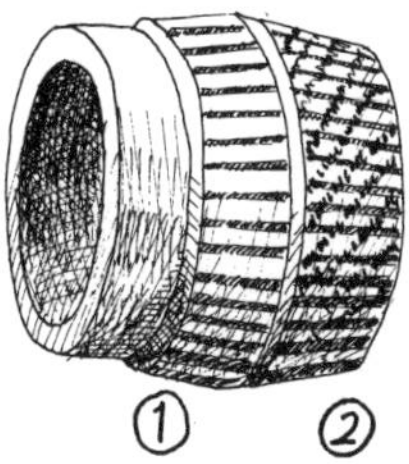

Antriebskonus:
1 Bremsteil
2 Antriebsteil

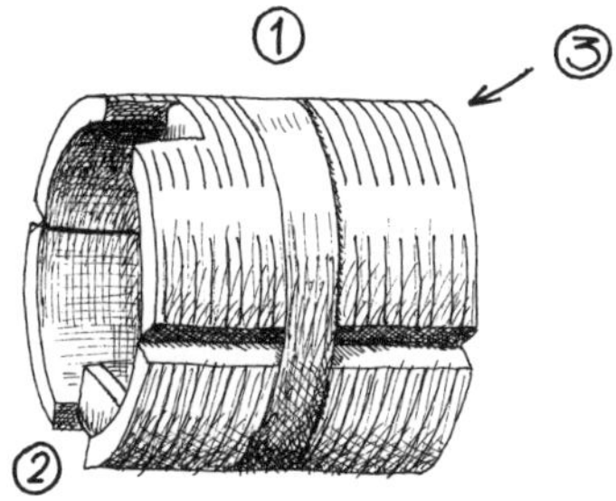

Bremsmantel:
1 Feder
2 Haltenase
3 auf dieser Seite befinden sich innen die Zähne der Teilriffelung, passend zum Bremsteil des Antriebskonus

2. Bremsmantel: Haltenasen abgebrochen? Teilriffelung abgeschliffen? Feder ausgeleiert oder gebrochen? Beschädigte Teile ersetzen...

Ist die äußere Schicht des Bremsmantels gelblich-orange? In dem Fall ist die Bremsschicht aus Messing oder Bronze; bei silbrigem Glanz aus Stahl.

Schmierung der Hinterradnabe

A. Torpedo-Freilaufnabe

Mittelteil der Achse, Kugelkäfige und Bremsmantel werden mit Sachs-Fett für Stahlbremsmäntel geschmiert (Bremsmanteloberfläche vollständig und gleichmäßig bestreichen; innen bei den Haltenasen Fettvorrat anbringen). Während die Antriebs-/Bremswalzen trocken bleiben, werden alle übrigen Teile leicht eingeölt.

B. Jet-Nabe, Komet-Nabe o.ä.

Achsmittelteil, Kugelkäfige, Nabenhülse (Bremsfläche) und Bremsmantel mit Sachs-Fett für Jet-Bemsmäntel einfetten. Antriebs-Konus (Riffelverzahnung) und das Flachgewinde des Antreibers werden leicht geölt. WICHTIG: Da unzureichende Bremswirkung meistens auf falsche Schmierung zurückgeht, lohnt es sich, die Empfehlungen zu beachten. Statt der Spezialfette notfalls weiße Vaseline nehmen. Nicht zuviel Fett und Öl auftragen!

Funktion der Freilauf-Rücktrittnaben

Soweit Sie die Hinterradnaben mit Rücktrittbremse genauso interessieren wie mich, können Sie versuchen, aus den folgenden Beschreibungen klug zu werden. Zuerst betrachten wir den...

Torpedo-Freilauf und ähnliche Fabrikate

Das Ritzel wird über die Kette in Bewegung versetzt. Erinnern Sie sich noch an die seltsame Form des Antreibers? Wenn das Ritzel und damit der Antreiber gedreht werden, liegen die fünf Walzen im flachen Teil ihrer Bettungen und treten deshalb hervor. Sie klemmen sich innen an der Nabenhülse fest und nehmen sie mit: Das Hinterrad dreht sich.

Antriebsphase; die Walzen treten hervor

In dem Augenblick, wo man zu treten aufhört, preßt der Antreiber die Walzen nicht mehr in den flachen Teil ihrer Bettungen. Sie können jetzt zurückgleiten in den tiefen Teil. Ab jetzt treten sie auch nicht mehr aus dem Walzenführungsring hervor und klemmen nicht mehr an der Nabenhülse fest. Die Nabenhülse und damit das ganze Rad ist nicht mehr mit dem Antriebsmechanismus verbunden und kann frei laufen (Freilauf).

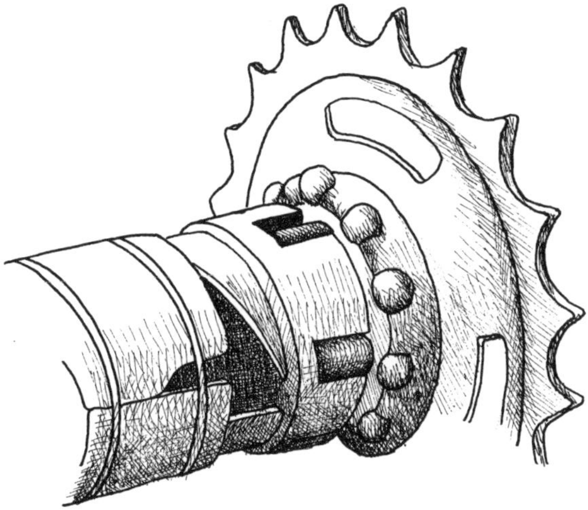

Freilaufphase; die Walzen sind versenkt

Wenn man zum Bremsen zurücktritt, bewegt sich auch das Ritzel rückwärts. Die Walzen spielen hierbei keine Rolle, sie haben sich in den tiefsten Teil der Bettungen zurückgezogen und lassen die Nabenhülse in Ruhe. Die Klauen am Ende des Walzenführungsringes jedoch und am Ende des Bremskonus, die vorher so gut ineinandergepaßt haben, drücken sich nun voneinander weg.

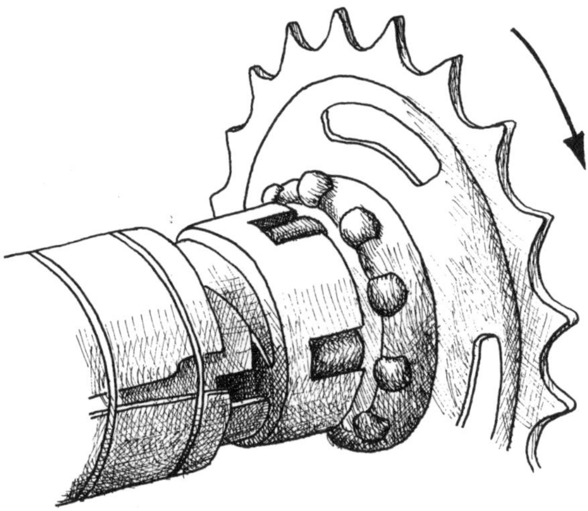

Bremsphase; die Klauen drücken sich voneinander weg, der Bremsmantel wird aufgespreizt

Während der Walzenführungsring nicht ausweichen kann, wird der Bremskonus in den Bremsmantel hineingetrieben. Der Bremsmantel kann diesem Druck nicht ausweichen, denn auf der anderen Seite ist er mit dem Hebelkonus verbunden. Der geschlitzte oder geteilte Bremsmantel wird durch den Druck aufgespreizt und gegen die Nabenhülse gepreßt - er bremst. Am liebsten würde er mitdrehen. Daran wird er auf der einen Seite durch die Friktionsfeder gehindert, auf der anderen Seite durch den Bremshebel, der mit dem Bremshebelkonus eine starre Einheit bildet. Am Bremshebel werden also die erheblichen Kräfte abgetragen, die bei einer Bremsung entstehen. Sein fester Sitz ist daher sehr wichtig für eine anständige Verzögerung. Die Bremsleistung einer Rücktrittnabe ist groß. Die Flächenpressung zwischen Bremsmantel und Nabenhülse kann leicht 300 Kilo pro Zentimeter erreichen. Bei langanhaltendem Bremsen können Temperaturen von über 200 Grad auftreten, die jedoch keine nachteilige Wirkung auf die Nabe haben. Dagegen kann die Bremsleistung gemindert werden!

Funktionsweise der Jet-Nabe und ähnlicher Modelle

Mit dem Drehen des Ritzels bewegt sich auch der Antreiber. Sein Flachgewinde schraubt sich dabei gewissermaßen in das des Antriebskonus hinein. Hierdurch wird der Antriebskonus an den Antreiber herangezogen. Dabei geraten schließlich die Riffelzähne des Antriebskonus auf eine kegelförmige Fläche innerhalb der Nabenhülse (kann man auf der Zeichnung nicht sehen). Hört man auf zu treten, löst sich der Antriebskonus leicht wieder aus dem Flachgewinde des Antreibers: Die Nabe dreht sich, Antreiber und Antriebskonus verharren (Freilauf).

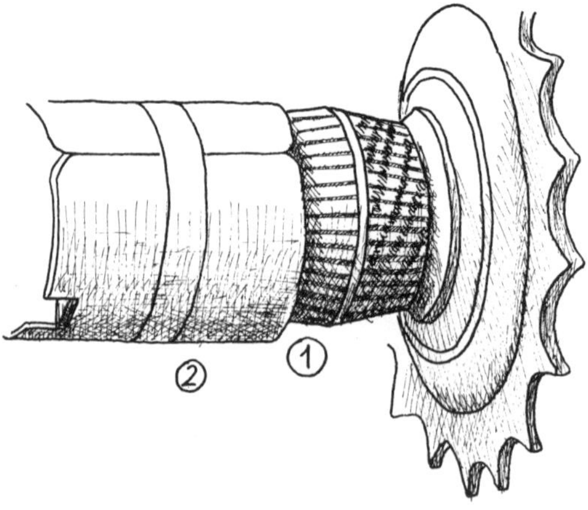

Jet-Nabe:
1 Bremsteil am Antriebskonus
2 Bremsmantel

Tritt man den Rücktritt, werden Antriebskonus und Antreiber durch die Gewindeverbindung auseinandergedrückt. Da der Antreiber nicht ausweichen kann, tut es der Konus und preßt sich in den Bremsmantel hinein. Auf dieser Seite wirkt der Konus als Bremskonus, seine Zähne fassen in die Teilriffelung des Bremsmantels. Der Bremsmantel spreizt sich auf und hemmt die Drehung der Nabenhülse, indem er sich innen an sie preßt wie ein ungestümer Liebhaber. Beim Lösen der Bremse zieht der Federring des Bremsmantels diesen wieder in Freilaufposition.

Gangschaltungen

Im Kapitel „Hinterrad“ ist vom Auswechseln des Ritzels die Rede, wodurch sich die Übersetzung verändern läßt. Die Gangschaltung ermöglicht es Ihnen, die passende Übersetzung per Daumendruck zu wählen - zum Anfahren und an Steigungen den Berggang, für schnelles Fahren eine größere Übersetzung (Schnellgang). Die Schaltung übernimmt dieselbe Aufgabe wie das Getriebe beim Auto; sie hält für jeden Zweck eine günstige Übersetzung bereit. In Deutschland hat die Nabenschaltung, bei der sich ein recht kompliziertes Getriebe im Hinterrad verbirgt, eine lange Tradition. Mehrgangnaben sind geniale Erfindungen, kompakt und so gut wie wartungsfrei. Das soll uns jedoch nicht hindern, auch die Nachteile zu erkennen: Die größte Bandbreite der Mehrgangnaben umfaßt sieben Gänge, meistens sind es jedoch fünf, drei oder auch nur zwei. Die Möglichkeiten bleiben damit deutlich hinter denen einer Kettenschaltung zurück. Ein weiterer Nachteil ist der Reibungsverlust. Im Räderwerk des Getriebes verschwindet ein erheblicher Teil der investierten Muskelkraft. In dieser Hinsicht arbeitet die Kettenschaltung wirksamer. Statt eines einzigen Ritzels sind hier sechs bis acht verschieden große auf der Hinterradachse befestigt; statt eines Kettenrades sind es zwei oder drei. Durch den Schaltmechanismus kann die Kette auf die verschiedenen Zahnkränze gehoben werden und eine ganze Reihe unterschiedlicher Übersetzungsverhältnisse herstellen - theoretisch bis zu 24 Gängen. In der Praxis werden allerdings nie sämtliche Gänge gefahren. Kette und Zähne würden überstrapaziert, wenn man zum Beispiel das innere Ritzel mit dem äußeren Kettenrad kombinierte. Nachdem die meisten Kettenschaltungen heute „positionieren“, also sicher im gewünschten Gang einrasten, bleibt nur noch ein Nachteil übrig: Die außenliegende Mechanik ist störanfälliger als Nabenschaltungen.

Bei der Vielzahl von Schaltungen habe ich mich auf die gebräuchlichsten, auf die grundlegende Technik beschränkt. Ausführlichere Informationen und Anleitungen finden Sie in den Büchern „Fahrrad für Kenner“ (über 110 Seiten zum Thema Schaltung), „Das Mountain Bike“ (rund 50 Seiten über Kettenschaltungen), „Das All Terrain Bike“ und „Reiseräder, Supertourer“, alle erschienen bei Moby Dick.

Nabenschaltungen

Bauweise der Getriebenaben

Außer den (halb)automatischen Torpedo-Zweigangschaltungen bestehen alle Nabenschaltungen aus Nabe, Schaltzug und Schalter. Der bekannteste Schalter ist der Klickschalter mit Anbringung neben dem Lenkergriff, Bedienung durch Finger oder Fingerspitze. Daneben gibt es den Combi-Click, eine griffige Brems-Schalthebel-Einheit. Der Fünffach-Schalter für die ,,Pentasport" ist eine Fortentwicklung des Doppelschalthebels, der anfangs an allen Fünfgangnaben von Sachs und Sturmey Archer zu sehen war. An einigen Rädern findet man auch noch Lenker-Drehgriffe oder Speed-Shifts als Schaltelemente für Mehrgangnaben.

Der Seilzug besteht aus einem Kabel, das die Kraftübertragung vom Schalter über das Schaltkettchen in die Nabe hinein vollzieht. Im Schalter wird das Kabel mit einem Kupplungsstück festgehalten. Auf dem ersten Stück verläuft das Kabel in einer flexiblen Hülle, die beim Gegenhalter endet. Weiter läuft das Kabel über eine oder mehrere Seilrollen. Genau wie der Gegenhalter sind die Seilrollen mit Rohrschellen am Rahmen befestigt, ihr fester Sitz ist für eine einwandfreie Schaltfunktion wichtig. Der Seilzug endete früher in einer geriffelten Einstellhülse mit Innengewinde, heute in einer praktischeren Klemmhülse.

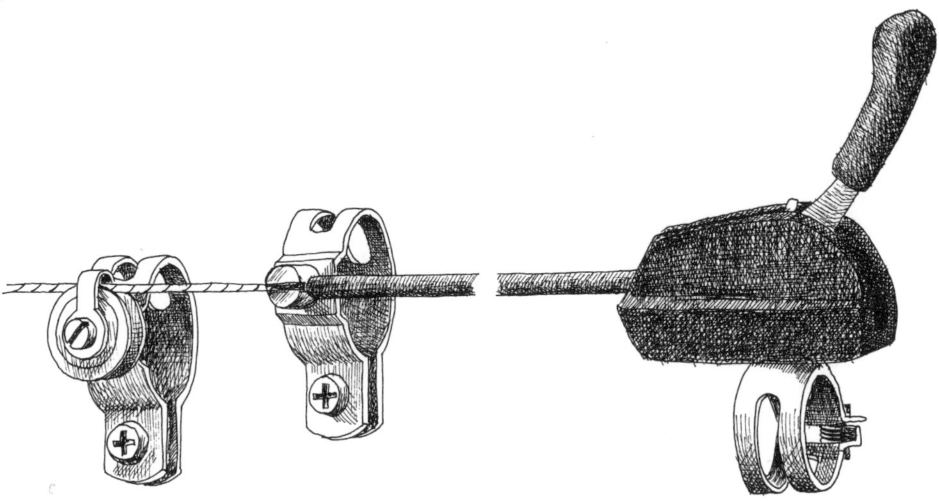

Klickschalter, Gegenhalter und Umlenkrolle

Den Übergang vom Seilzug zur Nabe bildet die Zugstange mit dem Kettchen, das in der Kettenleitmutter geführt wird. Für die oben beschriebenen Teile gibt es natürlich unzählige verschiedene Ausführungen: Seilzüge mit verschiedenen Kupplungen, unterschiedlich langen Kabeln und Kabelhüllen, alle möglichen Spielarten von Schaltkettchen usw. Wie immer gilt daher für den Ersatzteilkauf: altes Teil mitnehmen!

Unabhängig von der Art des Schalters werden alle Nabenschaltungen (mit Ausnahme der automatischen und halbautomatischen) gleich betätigt: Der Gang wird durch Schalten gewechselt, dabei tritt man mit wenig Pedaldruck weiter. Schalten im Stillstand ist nicht besonders günstig, aber möglich.

Die Technik der Getriebenaben ist kompliziert. Die Demontage würde ich daher einem Fachmann überlassen. Schon durch das Anziehen der falschen Mutter können wichtige Teile brechen, durch Benutzung falscher Schmiermittel kann die Funktion entscheidend beeinträchtigt werden. Die Montageanleitungen der Hersteller sind teilweise sehr umfangreich und kompliziert - als Laie kann man jedenfalls eher Schaden anrichten als Schaden beheben. Bei den nachfolgenden Anleitungen habe ich mich deshalb auf Arbeiten beschränkt, die auch von Laien bewältigt werden können.

Anleitungen für Nabenschaltungen

Allgemeine Hinweise

1. Zwischen Rahmen und Nabe dürfen keine Beilagen montiert werden!
2. Nabe vor Wasser schützen (beim Waschen nicht abspritzen)!
3. Einbau der Nabe: Die Achse darf sich in den Schlitzen der Kettenstrebe nicht drehen. Sie ist daher an den Enden mit Abflachungen versehen, die genau in den Rahmen passen sollen. Zusätzlich wird die Achse durch gezahnte Scheiben in ihrer Lage gehalten. Diese Riffelscheiben müssen scharf sein, um sich richtig in die Rohrschlitze beziehungsweise Ausfallenden hineinzukrallen, wenn Sie die Radmuttern anziehen (Ausnahme: Torpedo-Zweigangnabe).
4. Das Zugkettchen (die Zugstange) muß fest eingeschraubt sein. Beim Aufdrehen beziehungsweise Aufstecken der Einstellhülse wird sie entsprechend nur soweit losgedreht, daß sie ohne Schwierigkeiten in Richtung des Seilzuges geschaltet werden kann. Beim Aufschrauben der Kettenleitmutter das Kettchen straffziehen.

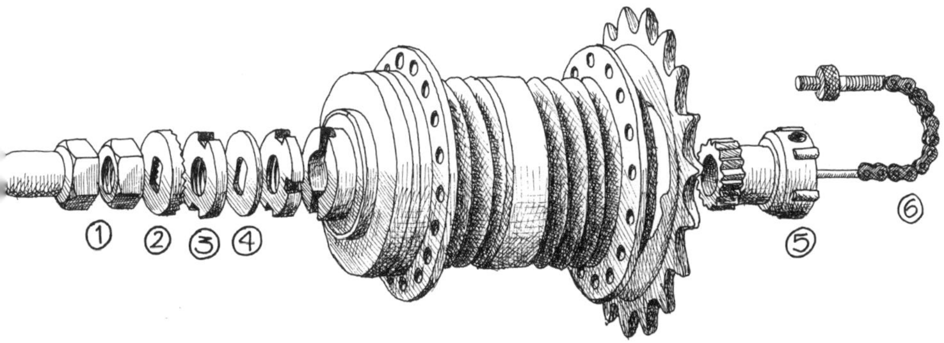

Äußere Elemente der Nabenschaltung:
1 Hut- oder Sechskantmutter
2 Riffelscheibe
3 Kontermutter (zu schrauben mit Torpedoschlüssel)
4 Zwischenring (nicht verdrehbar)
5 Kettenleitmutter
6 Zugkettchen mit -stange

Problem: Nabe läßt sich schwer schalten
(nicht für Zweigangnaben)

1. Kettenglieder an der Zugstange verbogen oder verrostet: mit Öl gängig machen oder ersetzen
2. Kettchen in der Kettenleitmutter eingeklemmt: wie 1
3. Ungünstige Verlegung des Schaltzugs: neu verlegen, viele und enge Bögen vermeiden
4. Zugseil trocken, verrostet oder ausgefranst: ölen oder ersetzen

Problem: Pedale werden im Freilauf mitgerissen

A. Lager zu stramm eingestellt (Konus zu fest)

Lager einstellen — Schraubenschlüssel
Torpedoschlüssel
Zeit: 30 Min.

1. Rad ausbauen (dazu Einstellhülse vom Kettchen entfernen)
2. Kontermutter(n) auf der linken Seite lösen
3. Konus durch Drehen am Bremshebel oder, bei Naben ohne Rücktritt, an der Einstellschraube am Konus einstellen (siehe „Kugellager“).

WICHTIG: Immer nur den Konus auf der Bremshebelseite einstellen, also nicht auf der Ritzelseite

4. Kontermutter(n) anziehen
   WICHTIG: Das Lagerspiel muß hier besonders sorgfältig eingestellt werden, da sonst das Einrasten der Gänge beeinträchtigt wird
5. Rad einbauen, Einstellhülse aufdrehen oder Klemmhülse aufschieben und Seilzugspannung einstellen (wird bei den einzelnen Fabrikaten beschrieben)

B. Kontermuttern lose
Lagereinstellung überprüfen

C. Kette zu stramm gespannt
Kette lockern, sie soll ganz leicht durchhängen. Nach Veränderung der Kettenspannung muß die Schaltung nachgestellt werden (siehe einzelne Fabrikate).

D. Nabe innen verrostet
Wenn Schmiernippel vorhanden, dort feines Öl nachfüllen. Sonst in die Werkstatt damit!

E. Defekt am Rahmen
Stehen Rohrschlitze oder Ausfallenden nicht parallel, müssen sie gerichtet werden - am besten in einer Werkstatt. Wenn man's selber macht: feste Unterlage, schwerer Hammer, leichte Schläge.

Problem: Bremswirkung zu heftig
Nabe bremst ruckartig oder geräuschvoll, klemmt oder blockiert

1. Bremshebel-Rohrschelle zu groß: genau passende Schelle anbringen, der Bremshebel muß spielfrei mit der Kettenstrebe verbunden sein!
2. Rohrschelle ist an der falschen Bohrung des Bremshebels angebracht (siehe Abbildung). Wenn möglich, die kleinere Bohrung wählen.
3. Riffelscheiben nicht oder falsch herum montiert, siehe „Allgemeine Hinweise"
4. Bremseinrichtung trocken, verrostet oder verschmutzt: Feines Öl einlaufen lassen (nicht zuviel!) in
   a. Schmiernippel oder
   b. die Füge des Staubschutzdeckels auf der Hebelseite oder

c. die Bohrungen im Staubschutzdeckel.

Für b. und c. muß das Rad auf die Seite gelegt werden. Wenn die Bremswirkung sich nach dem Ölen nicht deutlich verbessert, muß das Bremsteil in der Werkstatt überholt werden.

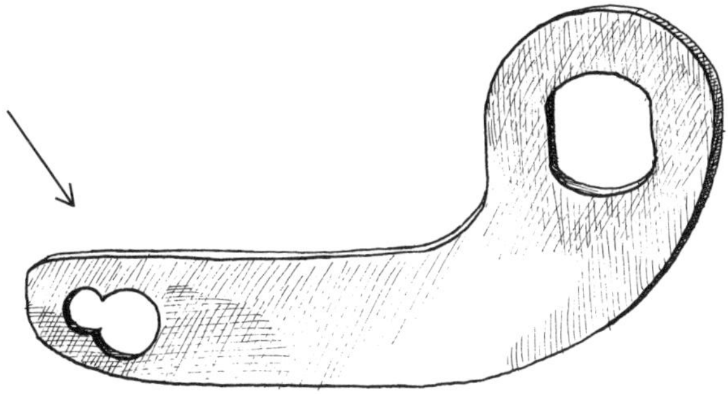

Die passende Bohrung (Pfeil) ist wichtig, damit der Bremshebel unverrückbar am Rahmen befestigt werden kann

Problem: Hinterrad schlackert (siehe „Hinterrad")

Problem: Hinterrad dreht schwer

1. Lager zu stramm eingestellt (siehe oben)
2. Kontermutter lose (siehe oben)
3. Lagerung verspannt durch Bremshebel: Rohrschelle des Bremshebels passend und in der richtigen Bohrung? Eventuell ist die Gabelweite so groß, daß die Nabe nicht fest angebracht werden kann.

Problem: Nabe schaltet nicht

1. Schaltung falsch eingestellt (siehe einzelne Fabrikate)
2. Zugstange nicht eingeschraubt
3. Schalter defekt: bewegliche Teile ölen (ersetzen)
4. Schaltzug (Schaltseil) klemmt oder ist defekt: ölen oder ersetzen (altes Teil zum Kauf mitnehmen)
5. Gegenhalter oder Seilrollen locker: befestigen. Der Gegenhalter wird stets so angebracht, daß die Kabelhülle zwischen ihm und dem Schalter kein Spiel hat.

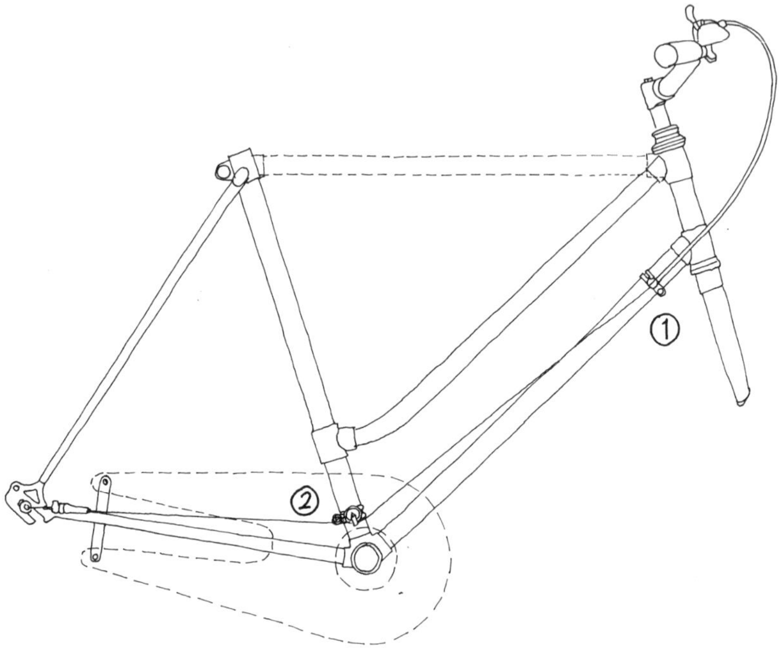

Kabelführung am Damenrahmen:
1 Gegenhalter
2 Umlenkrolle

Anleitung für Torpedonaben

Dreigangnaben...

...gibt es solo, mit Rücktritt und mit Trommelbremse. Das ältere Modell, Typ 515 oder 415, hat einen Leerlauf - daran zu erkennen, daß sich auf dem Schalter zwischen dem 2. und 3. Gang eine keilförmige Markierung befindet.

Einstellen der Schaltungen 415, 515

kein Werkzeug erforderlich
Zeit: 5 Min.

Die Einstellung orientiert sich an der Leerlaufmarkierung.

1. Wenn Sie den Schalthebel soweit anziehen, daß der Anzeiger auf Leerlauf zeigt, müssen sich Kurbel und Kette durchdrehen lassen. Ist das nicht der Fall, probieren Sie, wo sich der Leerlauf einstellt. Ist es vor der Markierung, also zwischen dem 1. und 2. Gang? Dann das...

2. Zugseil entspannen. Dazu drehen Sie die Kontermutter (eine Rändelmutter) los und lockern das Zugseil durch Verdrehen der Einstellhülse. Jetzt Leerlauf erneut kontrollieren. Wenn der Leerlauf mit der Kontrollmarkierung übereinstimmt, wird die Rändelmutter wieder fest gegen die Einstellhülse gekontert.
3. Ist der Leerlauf so verstellt, daß er sich zwischen der Leerlaufmarkierung und dem 3. Gang befindet, muß das Zugseil gestrafft werden.

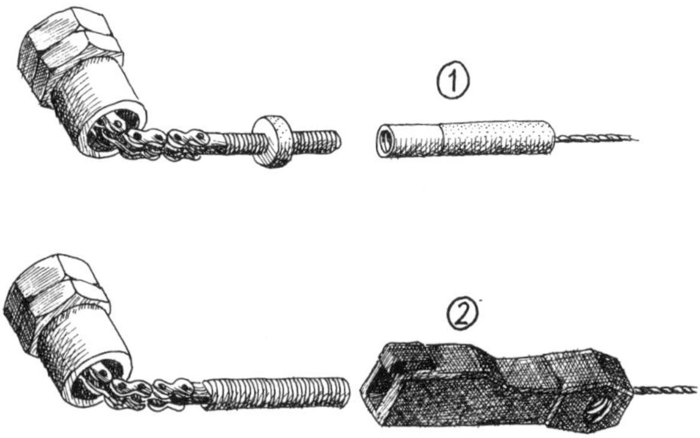

Bei älteren Modellen wird eine Einstellmutter auf die Zugstange gedreht und gekontert (1), bei neueren geht's einfacher mit einer Klemmhülse (2)

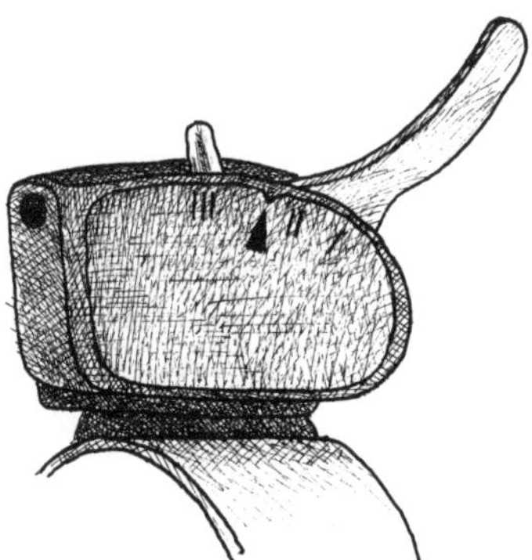

Brachte manchen Herrenreiter zum Jodeln: Klickschalter mit Leerlaufmarkierung

Problem: Nabe tritt im Antrieb oder Rücktritt durch
Die Nabe ist falsch eingestellt, richten Sie sich nach der obigen Anleitung.

Obwohl man die Schaltung nicht unter vollem Pedaldruck betätigen sollte, kommt das schon mal vor. Dabei zeigt der Leerlauf seine Tücken: Beim Schalten vom zweiten in den dritten Gang können die Kurbeln plötzlich und unerwartet durchsausen. Besonders schlimm, wenn man gerade in den Pedalen stehend gestrampelt hat und unversehens auf das Oberrohr kracht (Kastrationsgefahr). Bei neuen Dreigangschaltungen (H 3111, H 3120) gibt es deshalb keinen Leerlauf mehr.

Einstellen der Schaltung H 3111/H 3120 Zeit: 2 Min.

1. Zugseil lockern (Klemmhülse entspannen)
2. Schalter auf 3. Gang stellen
3. Durch Drehen an der Kurbel den 3. Gang einrasten lassen
4. Zugseil mittels Klemmhülse leicht spannen. Das Kettchen darf sich dabei nicht in der Kettenleitmutter bewegen.

Fünfgangnabe Pentasport (Modelle 5111, 5113)
Diese Schaltung gibt es als Freilauf-Version, mit Rücktritt oder mit Trommelbremse versehen. Sie wird wahlweise über einen Lenkerschalter oder einen Lenkerschaftschalter betätigt.

Einstellen der Pentasport 5111 Zeit: 4 Min.

1. Beide Seilzüge sind lose. Drehen Sie die Kurbel durch, bis die Nabe in Grundstellung eingerastet ist.
2. In den 4. Gang schalten
3. Klemmhülsen an beiden Seiten soweit auf die Zugstangen schieben, bis beide Seilzüge gestrafft sind. Zugkettchen dabei nicht aus der Kettenleitmutter ziehen!
4. Schalten Sie in den 1. Gang und drehen Sie die Kurbel, bis er einrastet. Nun auf beiden Seiten prüfen, ob das Zugkettchen sich noch weiter herausziehen läßt. Wenn ja, nachspannen!

Einstellen der Pentasport 5113 Zeit: 4 Min.

1. Beide Seilzüge sind lose. Drehen Sie die Kurbel durch, bis die Nabe in Grundstellung eingerastet ist.
2. In den 4. Gang schalten

3. Klemmhülsen an beiden Seiten soweit auf die Zugstangen schieben, bis beide Seilzüge gestrafft sind. Zugkettchen dabei nicht aus der Kettenleitmutter ziehen!
4. Schalten Sie in den 2. Gang und drehen Sie die Kurbel, bis er einrastet. Läßt sich der Schalthebel nur schwer bewegen? Dann via Klemmhülse am rechten Seil etwas Spannung rauslassen. Läßt sich die rechte Zugstange von Hand noch weiter aus der Kettenleitmutter ziehen? Nachspannen! Zur Kontrolle noch mal den 2. Gang ausprobieren.
5. Schalten Sie in den 1. Gang und prüfen Sie, wie unter 4. beschrieben, die Spannung des linken Zugseils. Nun auf beiden Seiten prüfen, ob das Zugkettchen sich noch weiter herausziehen läßt. Wenn ja, nachspannen!

Problem: Nabe ruckt beim Antritt. Leichtes Knacken beim Kurbeln
Das Geräusch kommt zustande, weil das Zugkettchen sich bewegt, ohne daß geschaltet wird. Hier stimmt die Justierung nicht; die Nabe muß neu eingestellt werden.

Problem: Nabe schaltet nicht korrekt
1. Überprüfen: Endet das linke/ rechte Schaltkabel am Schalter in der richtigen, mit „L“ oder „R“ markierten Öffnung?
2. Schaltung einstellen
3. Sitzt der Gegenhalter fest am Rahmen?
4. Ölen Sie Schalter und Seilzug.

Problem:Pedale werden im Freilauf mitgenommen
1. Kette zu stramm? Lockern (siehe „Kette“).
2. Sicherungsmuttern lose? Festziehen!
3. Lager zu stramm eingestellt? Neu justieren.

Siebengangnabe
„Torpedo Super 7" heißt die neue Schaltungsnabe von Fichtel & Sachs, Shimano ist ebenfalls mit einer “Getriebesieben" auf dem Markt. Damit sind - im Vergleich zur Fünfgangnabe - nicht „nur zwei Gänge mehr“ im Spiel, sondern ganz neue Zeiten für Radler angebrochen: erstaunliche Bandbreite, einfachste Bedienung, kaum Wartung.

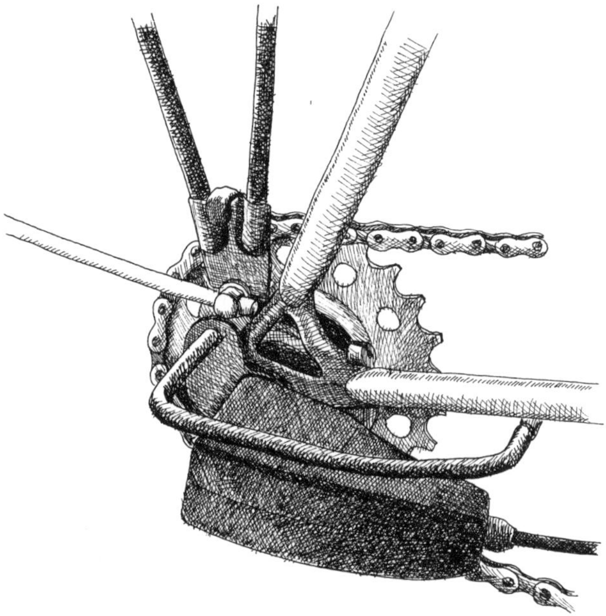

Bei der „Super 7" verbirgt sich der Übergang vom Schaltzug zur Nabe in einer "black box"

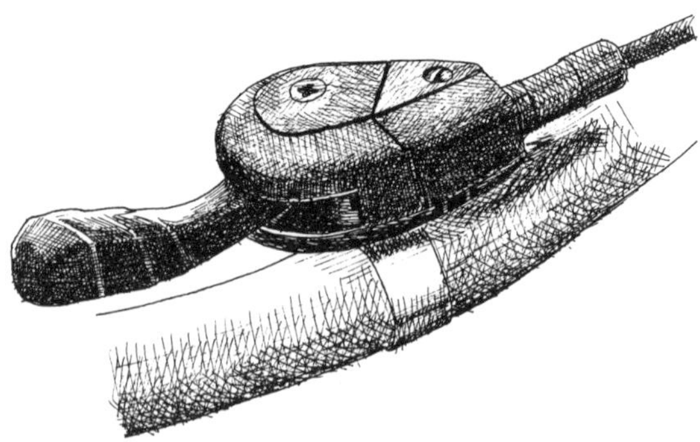

Bedienerfreundlich: Schaltung der sieben Gänge mit einem Hebel

Zweigangnaben

Nur noch selten zu sehen: die vollautomatische Zweigangnabe und die halbautomatische Duomatic von Fichtel & Sachs. Kein Schalter, kein Zugseil - keine außenliegenden Teile! Die Duomatic schaltet beim Rückwärtstreten wechselweise in den jeweils anderen Gang um. Da das auch geschieht, wenn die Rücktrittbremse bedient wird, muß man nach dem Bremsen nochmals zurücktreten, um im selben Gang weiterzufahren.

Die Automatic schaltet dagegen bei einer bestimmten Geschwindigkeit (16-18 km/h) automatisch in den Schnellgang und beim Unterschreiten dieser Geschwindigkeit wieder in den Normalgang. Beim Anfahren ist immer der 1. Gang drin. Die kleinen Fliehgewichte, durch die die Schaltung gesteuert wird, wiegen 41 Gramm, die daraus entstehenden Fliehkräfte knapp 20 Gramm. Diese Kräfte nun steuern Antriebskräfte von über 300 Kilo - ein Verhältnis von 1:15.000!

Anleitungen für Sturmey-Archer-Naben

Dreigangnabe mit und ohne Rücktritt

Einstellen der Dreigangnabe

1. Schalthebel in Gangstellung 2 bringen
2. Kontermutter (Rändelmutter) am Zugseil lösen
3. Seilspannung mit der Einstellhülse so regulieren, daß sich das letzte Kettenglied außerhalb des Achsendes befindet. Das läßt sich durch ein Sichtfenster in der Kettenleitmutter beobachten.
4. Einstellhülse soweit drehen, bis das Ende des Zugstängchens genau mit dem Achsende abschließt
5. Einstellhülse in dieser Stellung festhalten und mit der Rändelmutter kontern

Problem: 1. Gang rutscht heraus

1. Zugstange nicht voll eingeschraubt: Schaltung neu einstellen
2. Kabel rostig, verzogen, ausgefranst: erneuern

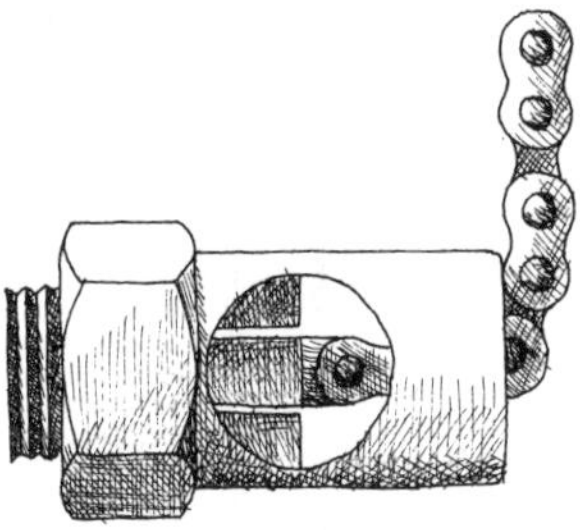

Kettenleitmutter: Im Sichtfenster befindet sich die Zugstange auf gleicher Höhe mit dem Achsende

Fünfgangnabe ohne Rücktritt (Sturmey Archer)

Dieses aufwendige Modell war viele Jahre die einzige Füngangnabe auf dem Markt. Äußerlich schon an den zwei Seilzügen erkennbar, folglich hat auch jedes Achsende eine Kettenleitmutter. Es gibt zwei verschiedene Doppelschalthebel; für beide gelten unterschiedliche Einstellungsanleitungen.

Einstellen der Schaltung (Schalthebel am Rahmenrohr)
Zeit: 8. Min.

Rechte Seite:
1. Rechten Schalthebel in Mittelstellung bringen
2. Kontermutter (Rändelmutter) lösen
3. Einstellhülse so verdrehen, daß das Ende des Zugstängchens mit dem Achsende abschließt (Kontrolle durch Sichtfenster der Kettenleitmutter)
4. Rändelmutter mit Einstellhülse kontern

Linke Seite:
1. Linken Schalthebel in Rückwärtsstellung (zum Fahrer hin) bringen
2. Einstellen wie oben

Einstellen der Schaltung (Schalthebel am Lenkervorbau)
Zeit: 8 Min.

Rechte Seite:
Einstellung wie oben

Linke Seite:
1. Linken Schalthebel in Rückwärtsstellung (zum Fahrer hin) bringen
2. Einstellhülse drehen oder Rohrschelle des Gegenhalters verschieben, bis der Kabeldurchhang gestrafft ist
3. Hebel in Vorwärtsstellung (vom Fahrer weg) bringen und sicherstellen, daß das Ende des Zugstängchens über das Achsende hinausragt
4. Rändelmutter mit Einstellhülse kontern

Problem: 2. und 4. Gang rutschen heraus
Der Kabelzug der linken Seite ist zu straff gespannt: neu einstellen

Sturmey-Archer-Mehrgangnaben sind mit Schmiernippeln versehen. Wartung: regelmäßig ein paar Tropfen S.-A.-Markenöl nachfüllen.

Kettenschaltungen

Hier hat sich in den letzten Jahren unglaublich viel getan. Die positionierenden oder Index-Schaltungen haben ihren Siegeszug angetreten. War die Kettenschaltung früher eine Domäne der Rennradler, so findet man sie heute an allen Fahrradtypen. Der geräuschlose Gangwechsel, bei einer Friktionsschaltung nur mit einiger Erfahrung hinzukriegen, ist heute dank Positionierung ein Kinderspiel. Die Bestandteile sind gleich geblieben: Schaltelement, Kabelzug, Umwerfer (am Kettenrad), Schaltwerk (an der Hinterradnabe) und ein Mehrfachzahnkranz. Das Aussehen hat sich zum Teil jedoch radikal geändert.

WICHTIG: Einstell- und Reparaturarbeiten an Kettenschaltungen sind ein komplexes Thema. Hier beschränke ich mich auf das Nötigste.

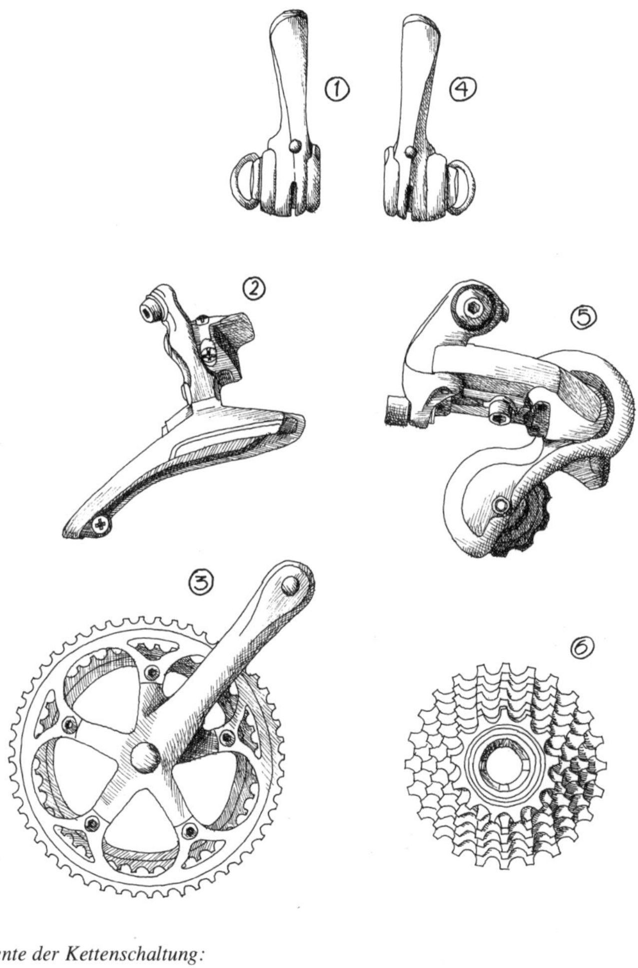

Die Elemente der Kettenschaltung:
Linker Schalthebel (1) betätigt Kettenwerfer (2) und bewirkt Wechsel des Kettenrades (3); rechter Schalthebel (4) steuert das Schaltwerk (5) und bewirkt Wechsel des Ritzels (6)

Schalthebel
Zum klassischen Rennrad-Outfit gehört der Doppelhebel zur Montage am Unterrohr (auch Lenkerschaft). Bei Schaltungen ohne Index werden die Gänge durch den Reibungswiderstand (Friktion) der Schalthebel in ihrer Position gehalten; deshalb rutschen bei lockeren Hebeln die Gänge. Sie sind aber leicht nachzustellen; die meisten Doppelhebel sind mit Flügelmuttern oder ähnlichen Schrauben versehen, so daß sie auch im Fahren nachgestellt werden können.

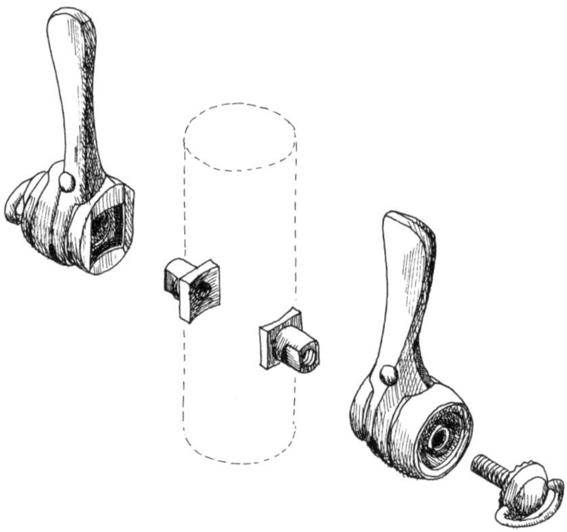

Klassischer Doppelhebel zur Montage auf Anlötsockeln

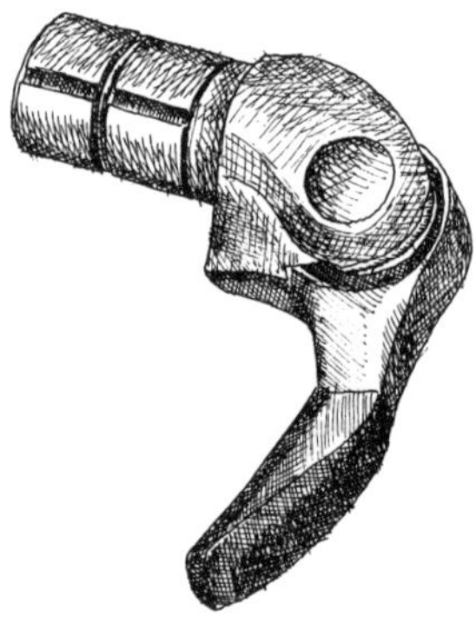

Lenkerend-Schalter, beliebt bei Fernradlern mit Rennlenker

Lenkerend-Schalter für die Montage an Rennlenker sind besonders bei Reiseradlern beliebt. Daumenschalthebel finden sich an Mountain Bikes. Vielfach sind sie durch Zwillingsschalthebel abgelöst worden. Drehschalter kommen in vielen Varianten daher: als richtiggehende Schaltgriffe mit und ohne Verriegelung und Ganganzeige, als Flügel-Schalter (Sachs TwistGrip) oder als Schaltbuchse (GripShift). Neben diesen MTB-Schalthebeln haben die neuartigen Kombigriffe für Rennräder Furore gemacht. Bei ihnen ist der Schalthebel auf eleganteste Weise in den Bremsgriff integriert.

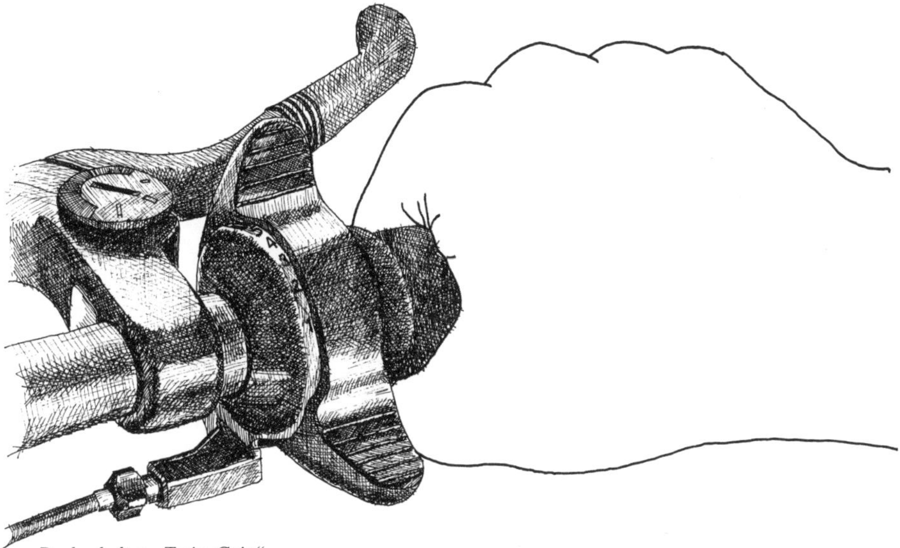

Drehschalter „Twist Grip"

Problem: Schalter rutscht oder klemmt

1. Hebelachse zu lose oder zu fest: durch Verdrehen der Muttern neu justieren (nur Friktionsschaltung)
2. Schalter verschmutzt: Schalter demontieren. Wie Sie aus der Abbildung ersehen können, besteht ein Doppelschalthebel aus -zig Einzelteilen. Daher ist es sehr wichtig, mit Ruhe und Sorgfalt an die Arbeit zu gehen und die Teile peinlich genau in der richtigen Reihenfolge auszulegen. Gereinigt werden sie mit trockenem Lappen und eventuell mit feiner Stahlwolle. WICHTIG: Schalthebel nicht ölen!

MTB-Daumenhebel der ersten Generation

Seilzüge

Der (rechte) Seilzug für das Schaltwerk ist mit einem Kupplungsstück im Schalthebel verankert. Die Hülle endet an einem Gegenhalter; das Kabel führt nackt weiter zum Tretlager, wird über eine Kunststoff- oder Metallführung umgelenkt und geht bis zu einem Gegenhalter am Ende der Kettenstrebe. Ab hier läuft es wieder in einer Hülle zum Schaltwerk, wo es durch eine Kabelklemmschraube gehalten wird.

Der linke Seilzug verläuft vom Tretlager direkt zum Kettenwerfer hoch, wo er ebenfalls mit einer Klemmschraube verankert ist. Neuerdings kommt er auch von oben (aus Richtung des Sattels) zum Kettenwerfer hinunter; „Top Pull" nennt man diese Version.

Problem: Schaltung ist schwergängig, Gänge klemmen

1. Ist das Kabel verrostet oder geknickt? Klemmt es? Ist die Kabelführung am Tretlager verschmutzt? Letztere wird nur gereinigt und eventuell mit Graphit bepudert, aber nicht geölt!
2. Ölen Sie das ganze Kabel ein, besonders die Reibungsstellen (Hüllenenden des Kabelzugs)
3. Oder: Ersetzen Sie den kompletten Seilzug. Moderne Bowdenzughüllen sind innen meist (Teflon-)beschichtet, sie haben wenig Reibung und müssen nicht geschmiert werden. Wenn die Hülle noch o.k. ist, erneuern Sie das Kabel: Klemmschraube lösen, Seilzug aus der Hülle und den Führungen ziehen und aus dem Schalter aushaken. Das neue Kabel wird in umgekehrter Reihenfolge angebracht: Verankerung im Schalter, Einfädeln in die Hülle. Geht der Zugdraht zum Kettenwerfer, muß dieser auf das kleinste Antriebsrad eingestellt sein. Das Seil wird dort mit der Kabelklemmschraube verankert. Führt das neue Kabel zum Schaltwerk, muß auch dieses auf das kleinste Ritzel zeigen. Ist das Kabel befestigt, erst die Schaltung ausprobieren und dann das überstehende Ende kappen.

   Zum Kauf neuer Seilzüge immer die alten mitnehmen!

Kettenwerfer (Umwerfer)

Die Kette wird mithilfe der Leitbleche des Umwerfers von einem auf das andere Kettenrad gedrückt. Der Vorgang ist relativ unkompliziert.

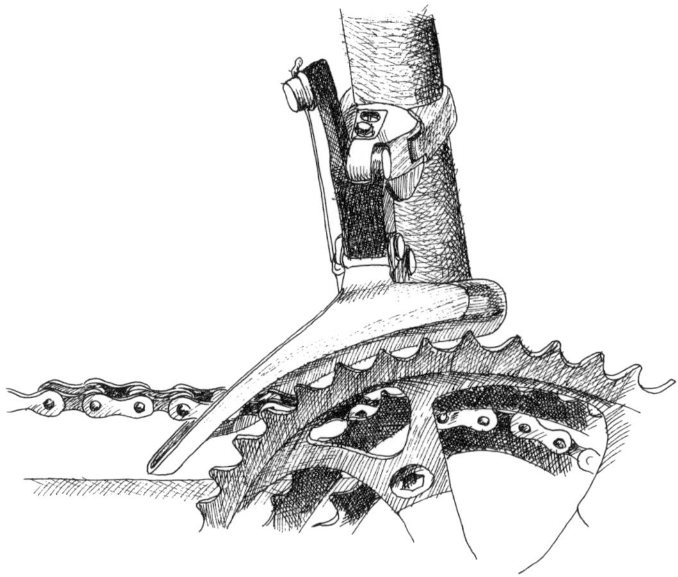

Kettenwerfer

Problem: Kette schleift am Kettenwerfer

1. Läuft die Kette vom größten Antriebsrad zum kleinsten Ritzel oder umgekehrt? Diese Kombination sollten Sie besser nicht schalten!
2. Spielen Sie mit dem Schalthebel. Überprüfen Sie bei justierbaren Schalthebeln, ob sie etwas fester oder lockerer gestellt werden können. Sonst muß die Schaltung neu eingestellt werden.

Einstellung des Kettenwerfers

(Kreuzschlitz)
Schraubenzieher
Zeit: 10 Min.

Stellen Sie von Hand oder per Schalthebel1den niedrigsten Gang ein (kleinstes Antriebsrad, größtes Ritzel)

2. Mit der Schraube L die innere Begrenzung so justieren, daß das innere Leitblech gerade von der Kette freikommt.
3. Höchsten Gang einlegen
4. Mit der Einstellschraube H wird das äußere Leitblech so eingestellt, daß es eben von der Kette freikommt.

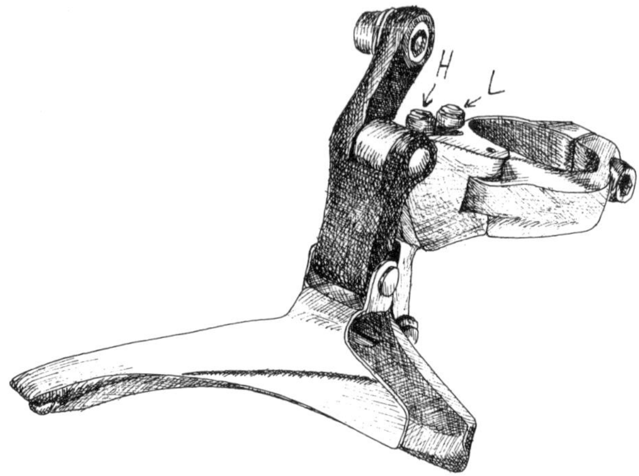

Leicht zu merken: Die Schraube „L" zur inneren Begrenzung befindet sich innen, „H" außen

Scheuert die Kette immer noch? Dann geht's so weiter:

1. Sie stellen das Rad auf Sattel und Lenker, drehen die Kurbel und beobachten den Lauf der Kette im Kettenwerfer. Hat das Kettenrad einen Schlag? Nachlesen bei „Kettenrad"
2. Stehen die Leitbleche des Kettenwerfers parallel zum Antriebsrad? Sonst die Rohrschelle lösen, mit der der Umwerfer am Sitzrohr befestigt ist Verändern Sie den Sitz des Kettenwerfers, bis das äußere Leitblech parallel zu den Antriebsrädern steht und seine Unterkante sich etwa fünf Millimeter über den Zähnen des größeren Kettenblattes befindet.
3. Ist ein Leitblech verbogen? Fest mit der Wasserpumpen- oder Kombizange anpacken und vorsichtig richten.

Problem: Kette läuft ab oder wird vom Umwerfer nicht bewegt

1. Sitz des Kettenwerfers überprüfen wie in der vorangegangenen Beschreibung. Wichtig: In den Endstellungen (größter und kleinster Gang) dürfen die Leitbleche nur minimalen Abstand von der Kette haben, da diese sonst abgeworfen wird.
2. Läuft die Kette beim Hinaufschalten vom großen Kettenrad ab? Wenn alles Justieren nichts hilft, biegen Sie die vordere Spitze des äußeren Leitblechs mit der Wasserpumpenzange um gut ein Millimeter nach innen.

3. Wenn der Umwerfer die Kette auf keins der Antriebsräder heben will, ist der Seilzug zu stramm oder zu locker. Klemmschraube C lösen und Seilzug anziehen oder loslassen, je nach Bedarf. Kabelklemmschraube wieder festziehen
4. Läuft die Kette vom Kettenblatt, auch wenn Sie nicht schalten? Wahrscheinlich fluchten die Zahnräder nicht.
5. Knien Sie sich rechts neben das Vorderrad und sehen zwischen den beiden Kettenrädern nach hinten (bei einer Dreifach-Garnitur peilen Sie über das mittlere Blatt weg). Fällt der Blick jetzt genau auf die Mitte des Zahnkranzpakets am Hinterrad? Prima. Sehen Sie jedoch eins der anderen Ritzel, ist der Antrieb insgesamt seitlich verschoben. Das auszugleichen, ist eigentlich was für den Fahrradmechaniker, aber versuchen kann man es!

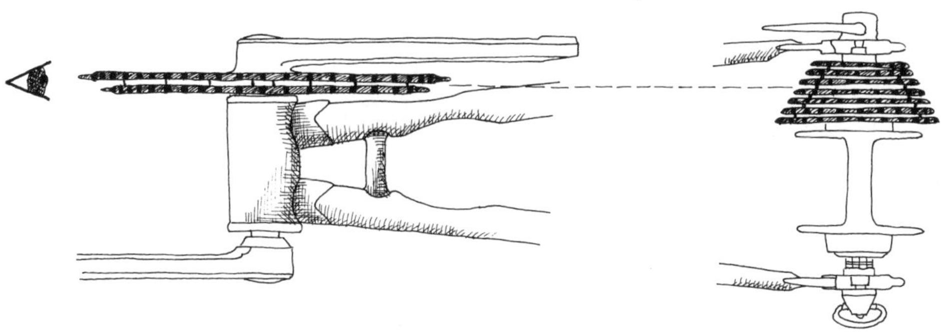

Fluchten Kettenräder und Mehrfachzahnkranz?

a. Beim Peilen sehen Sie ein größeres Ritzel als das mittlere. Hinterrad herausnehmen (Kette aufs kleinste Ritzel), Ritzel abnehmen (siehe „Ritzel"). Entfernen Sie den Abstandhalter (wie eine große Unterlegscheibe) zwischen dem größten Ritzel und der Nabenhülse. Wenn sich dort keiner befindet, brauchen Sie eine längere Tretlagerwelle, um die Kettenräder nach außen zu bringen.

b. Sie peilen ein kleineres Ritzel als das mittlere an. Hinterrad herausnehmen, Zahnkranz entfernen. Legen Sie einen Abstandhalter zwischen Ritzel und Nabenhülse (die gibt's in allen möglichen Größen, zum Aufstecken oder Aufschrauben). Nach dem Einbau kann es vorkommen, daß sich das äußere Ritzel nun so dicht am Rahmen befindet, daß die Kette hier scheuert. In diesem Fall muß zwischen das äußerste Ritzel und das Ausfallende ein weiterer Abstandhalter gesetzt werden.

Schaltwerk

Dieser Mechanismus sieht ziemlich einfach aus, ist aber in Wirklichkeit ganz schön kompliziert. Er hebt die Kette, die im „Schaltkäfig" über zwei Rollen läuft, auf die verschiedenen Ritzel. Dafür sorgt die oben im Käfig plazierte Leitrolle. Außerdem wird die Kette automatisch gespannt, wenn sie von einem größeren Ritzel auf ein kleineres befördert wird - das ist der Job der unteren, der Spannrolle. Bei allen Schaltvorgängen steht das Schaltwerk senkrecht zum Boden. Die Kette muß zum Abnehmen des Schaltwerks geöffnet werden, nur bei einigen Schaltwerken läßt sich der Käfig aufschrauben und die Kette ohne weiteres herausnehmen.

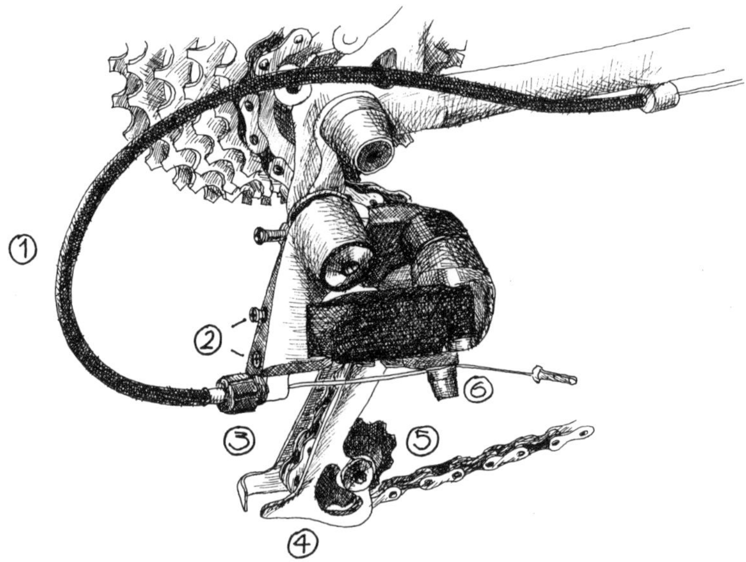

Schaltwerk
1 Kabelzug
2 Einstellschrauben H und L
3 Justierschraube (Kabelspannung)
4 Käfig (hier: „long cage")
5 Kettenspannrad
6 Kabelklemmschraube

Problem: Schaltung arbeitet nicht exakt

Sie merken es am erhöhten Geräuschpegel beim Hoch- oder Runterschalten - hört sich an, als würden Sie einen Trabbi fahren. Versuchen Sie es zunächst auf die ganz einfache Methode mit den Stellschrauben. Sie befinden sich am Schalthebel und/oder am Schaltwerk und sind dazu da, die Spannung des

Kebelzuges zu regulieren. Drehen Sie jeweils probeweise eine halbe Umdrehung und probieren Sie, ob sich das Schaltverhalten verbessert.

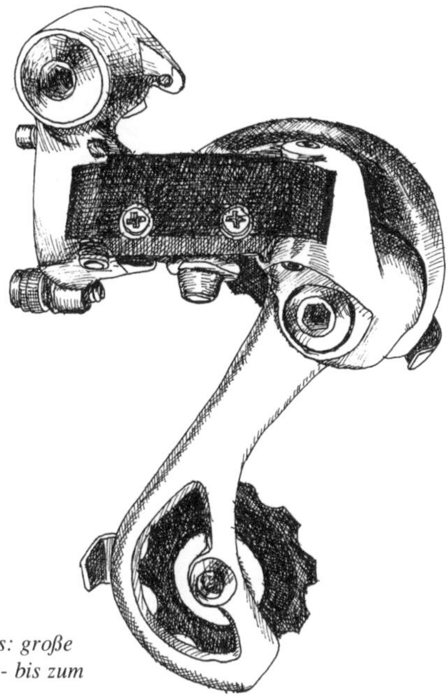

Schaltwerk für MTBs: große Kapazität, vom Berg- bis zum Schnellgang

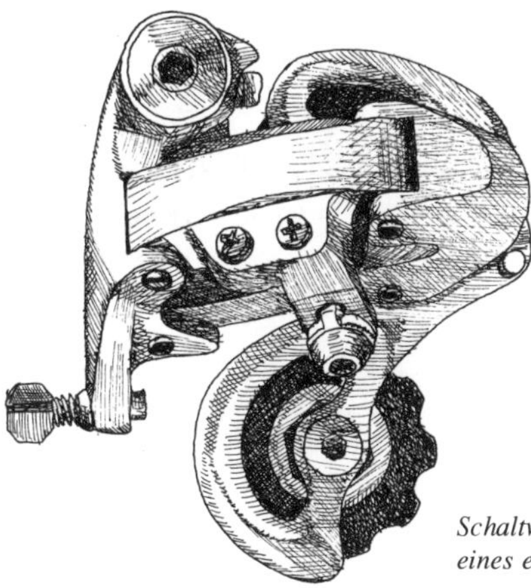

Schaltwerk für Rennräder, geeignet zur feinen Abstufung eines engen Bereiches (nur „schnelle“ Gänge)

Problem: Kette läuft vom kleinsten Ritzel nach außen ab

1. Legen Sie den größten Gang ein (kleinstes Ritzel)
2. Drehen Sie die Justierschraube H (steht für „High") weiter hinein, bis die Leitrolle genau unter dem kleinsten Ritzel steht
3. Ob Ritzel und Rolle fluchten, kontrollieren Sie mit einem Kniefall hinter dem Hinterrad - aus der Position kann man die Teile anpeilen!

Problem:Größter Gang läßt sich schwer oder gar nicht schalten

(Kette kommt nur mühsam oder gar nicht aufs kleinste Ritzel)

1. Kontrollieren Sie, ob die Justierschraube H zu weit eingedreht ist. In dem Fall Schraube losdrehen, bis die Leitrolle des Schaltwerks mit dem kleinsten Ritzel fluchtet.
2. Klemmt das Schaltkabel? Überprüfen wie unter „Seilzug" beschrieben.
3. Ist das Schaltkabel zu straff? Drehen Sie die Stellschraube ein Stück in den Halter hinein, dadurch entspannt sich der Seilzug. Die Stellschraube an Lenkerschalthebeln bewirkt dasselbe.

Problem: Kette fällt vom größten Ritzel in die Speichen

Ähnliches Problem: Schaltkäfig schrammt an den Speichen

1. Legen Sie den kleinsten Gang ein (größtes Ritzel)
2. Drehen Sie die Justierschraube L (= „Low") soweit hinein, daß die Kettenleitrolle mit dem größten Ritzel fluchtet.

Problem: Schaltung läßt sich leicht hoch-, aber schlecht herunterschalten

Wenn die Kette willig auf die kleineren Ritzel schlüpft, aber ungern auf die größeren klettert, ist der Seilzug zu schlaff. Drehen Sie die Stellschraube heraus, bis genügend Spannung auf dem Kabel ist.

Problem: Schaltung geht leicht auf die größeren, schwer auf die kleineren Ritzel

1. Überprüfen Sie, ob der Seilzug einwandfrei ist und leicht gleiten kann (siehe „Seilzug"). Wenn die Ursache dort nicht zu finden war, ist der...
2. ...Seilzug zu stramm. Drehen Sie die Stellschraube ein Stück hinein, bis die Kette wieder leicht absteigt.

Zahnkranz
Eine Kettenschaltung arbeit mit sechs, sieben oder acht verschieden großen Ritzeln auf der Freilaufnabe des Hinterrades. Diese enge Anordnung erfordert Spezialketten. Es gibt verschiedene Bauweisen: Schraubkränze, Steckkränze, beides kombiniert, Kassettenkränze.

Früher begnügte man sich mit einem Fünferkranz, heute sind sieben oder acht die Regel

Problem: Kette steigt während der Fahrt auf den Ritzeln hoch

1. Checken Sie zunächst folgende Punkte durch:
   - Sitzt das Hinterrad gerade und fest in den Ausfallenden?
   - Steht das Schaltwerk korrekt senkrecht?
   - Läuft die Kette geschmeidig?
2. Stellen Sie das Rad auf Sattel und Lenker, kurbeln Sie und beobachten Sie dabei die Ritzel. Zähne verbogen? Oder haben die Ritzel durch lange Benutzung Haifischzähne bekommen (siehe „Antrieb“)? Dann ist Ersatz fällig.
3. Hinterrad herausnehmen (Kette auf kleinstes Ritzel)
4. Zum Abnehmen des Zahnkranzes ist in der Regel ein Spezialwerkzeug nötig, ein Abnehmer. Auch damit kann die Sache schwierig sein, besonders, wenn die Ritzel sich durch lange und harte Beanspruchung fest auf's Gewinde gezogen haben. Aber zur Sache!
5. Abnehmer ganz in die dafür vorgesehenen Schlitze oder Aussparungen des Zahnkranzpaketes stecken. Jetzt die Radmutter auf die Achse schrauben - so weit, daß zwischen ihr und dem Abnehmer noch etwas Luft bleibt. Die Radmutter hat nur den Zwecke, das Abrutschen des Abnehmers zu verhindern.

6. Laufrad festhalten. Abnehmer fest mit Maulschlüssel oder Wasserpumpenzange packen und im Gegenuhrzeigersinn losdrehen. Eine andere Möglichkeit ist, den Abnehmer in einen Schraubstock zu spannen und das ganze Hinterrad (auch im Gegenuhrzeigersinn) abzudrehen. Es gibt auch Abnehmer, die mit einem kräftigen Handgriff kombiniert sind und weiteres Werkzeug überflüssig machen. Beim Entfernen der Ritzel auf Distanzringe achten: Position merken und aufbewahren! Sie halten die Ritzel in ausreichendem Abstand vor den Speichen (mindestens vier Millimeter) und dem Rahmen.
3. Mit dem Auswechseln der Ritzel muß auch die Kette erneuert werden.
4. Kleine Tricks:
   Vor dem Aufschrauben der neuen Ritzel fahren Sie mit einem weichen Bleistift über die Gewinde, das ergibt eine hervorragende Graphitschmierung. Haben Sie das Ritzel aufs Gewinde gesetzt, drehen Sie es zunächst im Gegenuhrzeigersinn (wie zum Abschrauben). Ein leiser Knack bei jeder Umdrehung verrät, daß es gerade aufsitzt und nicht verkantet ist. Andernfalls lieber nochmal losdrehen, Gewinde untersuchen und reinigen. Die Zahnkränze braucht man nicht festzuziehen - das besorgt die Kette beim Fahren automatisch!

Beleuchtung

„... Ganz zu Unrecht wird die Versorgung der Leuchten von vielen als Bürde empfunden. Die Laterne sollte in regelmäßigen Abständen geputzt und der Reflektor sowie das Laternenglas poliert werden. Nach Benutzung gieße man Öl nach und stutze den Docht. Hierzu wird der Docht nicht etwa geschnitten; es reicht durchaus, den verkohlten oberen Teil abzureiben. Nach unseren Beobachtungen empfiehlt sich am ehesten Rüböl, dem zur Verdünnung 10 % Paraffin hinzugesetzt wird. Sollte diese Mixtur qualmen, wird ein wenig Kampfer, darin aufgelöst, Abhilfe schaffen." (aus einem betagten Nachschlagewerk über Velocipede)

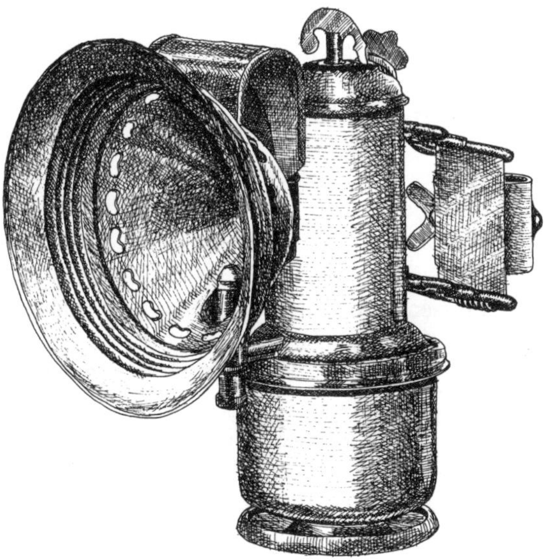

In der Straßenverkehrs-Zulassungsordnung (STVZO) sind Einzelheiten über „lichttechnische Einrichtungen an Fahrrädern" festgelegt. Beim folgenden Text handelt es sich um eine Übersetzung aus dem Amts- ins Alltagsdeutsch.

STVZO § 67: Fahrradbeleuchtung

(1) Für Fahrräder ist ein Dynamo mit mindestens 3 W Nennleistung und mindesten 6 V Nennspannung vorgeschrieben. Zusätzlich darf eine Batterie (ebenfalls 6 V) verwendet werden, um Scheinwerfer und Rücklicht zu spei-

sen (Batterie-Dauerbeleuchtung). Dynamo und Batterie dürfen sich gegenseitig nicht beeinflussen.

(2) Am Rad darf nur das leuchten, was vorgeschrieben und erlaubt ist. Die ausgezeichneten Dioden-Blinklichter, die als Rücklichter einen unübertroffenen Aufmerksamkeitswert haben, sind offiziell nicht erlaubt.

(3) In Fahrtrichtung muß die Erleuchtung von einem Scheinwerfer mit weißem Licht kommen. Der Lichtkegel soll ungefähr 10 m vor dem Rad auf die Straße fallen. Außerdem ist ein weißer, nach vorn zeigender Reflektor vorgeschrieben (es dürfen auch mehrere sein).

(4) Fahrräder müssen an der Rückseite mit einem roten Rücklicht versehen sein - Mindestabstand zum Boden 25 Zentimeter. Weiter muß (mindestens) ein roter Rückstrahler vorhanden sein (höchstens 60 Zentimeter über dem Boden) und schließlich ein roter, mit dem Buchstaben „Z“ gekennzeichneter Großflächen-Rückstrahler. Das Rücklicht kann mit einem der Reflektoren kombiniert sein.

(5) Zusätzlich dürfen Sie ein Standlicht/Batterie-Rücklicht montieren. Es muß allerdings separat einschaltbar sein.

(6) Fahrradpedale müssen vorn und hinten gelbe Rückstrahler haben. Wenn Sie seitlich auch noch welche haben wollen, wird Sie niemand daran hindern.

(7) Als „Seitensicherung“ brauchen Sie für das Vorder- und Hinterrad je vier gelbe Reflektoren (mehr sind gestattet), die an den Speichen befestigt werden. Jeweils zwei müssen nach rechts beziehungsweise links zeigen.
Bei reflektierenden Weißwandreifen (Leuchtreifen) können Sie auf Speichenreflektoren verzichten.

(8) Weitere gelb reflektierende Seitenstrahler dürfen Sie nach Herzenslust verwenden.

(9) Scheinwerfer und Rücklicht dürfen nur zusammen leuchten. Ausnahme: Bei einer Standbeleuchtung, die automatisch von Dynamo- auf Batteriebetrieb umschaltet, darf das Rücklicht alleine leuchten.

(10) Verwenden Sie nur Glühbirnen, die für diesen Einsatz bestimmt sind.

(11) Fahren Sie ein Rennrad oder Mountain Bike, das nicht mehr als 11 kg wiegt, können Sie anstelle festmontierter Scheinwerfer, Rücklichter und Dynamos einfach zwei separate Batterieleuchten einstecken (weiß und rot).

(12) Während der Teilnahme an Rennen sind keinerlei Beleuchtungsmittel nötig.

Law & Order

Die genannten Vorschriften sind insofern sinnvoll, als sie deutsch-gründlich ein Maximum an Sicherheit gewährleisten. Gelegentlich klingt das Wiehern des Amtsschimmels auch schwachsinnig - etwa wo die Anbringung der Speichenreflektoren bis ins Letzte vorgeschrieben werden.

Persönlich halte ich mich teilweise durchaus an die Vorschriften, nehme mir aber auch die Kühnheit gesetzeswidriger Leuchtweisen heraus. Zum Beispiel ein Batterieset an einem 11,2 kg schweren MTB. Oder eine Blink-Rückleuchte. Der moderne deutsche Sheriff ist in der Regel begeistert, wenn er einmal auf ein Fahrrad mit funktionierender Beleuchtung trifft - ob mit oder ohne Prüfzeichen.

Und noch ein Tip:

Billige Komplettanlagen (Scheinwerfer, Kabel, Dynamo, Rücklicht) lohnen sich nicht, weil Material und Verarbeitung meist miserabel sind. Kaufen Sie sich lieber gute Einzelteile zusammen: Halogenlampen mit stabilem Gehäuse, festes Kabel, einen guten Dynamo.

Dynamo

Der Dynamo ist, genau wie die Lichtmaschine im Auto, ein kleines Kraftwerk, in dem Drehbewegung in elektrischen Strom umgewandelt wird. Damit eine Glühlampe leuchtet, muß sie sich in einem Stromkreis befinden, sie muß also aus zwei Richtungen - von zwei Polen her - mit Strom versorgt werden. Das Kabel, das vom Dynamo zur Glühlampe führt, stellt den Pluspol dar. Um den Stromkreis zu schließen, wäre an sich ein zweites Kabel nötig, das den Minuspol des Dynamos mit dem der Lampen verbinden würde. Geschickt hat man sich das zweite Kabel gespart, indem man das Fahrrad selbst als Stromleitung benutzt. Der Minuspol des Dynamos schließt an das Dynamogehäuse an, von dort verläuft der Strom über den metallenen Rahmen zur Schraube, mit dem die Lampe am Rahmen befestigt ist. Von hieraus läuft er in die Lampenfassung und dann zum Minuskontakt der

Glühlampe. Diese Art des Stromkontakts nennt man Masseschluß. Wenn der Kontakt irgendwo unterbrochen ist (sei es Kabel oder Masse) funktioniert die Beleuchtung nicht mehr.

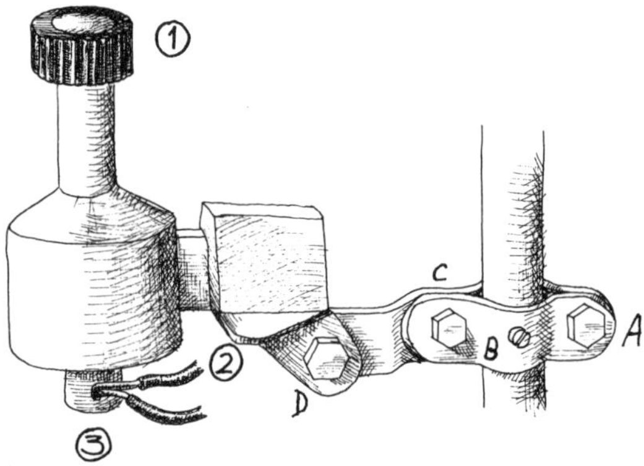

Dynamo:
1 Reibrolle
2 Auslösehebel
3 Kabelanschluß
A, C Schrauben zur Anbringung der Rahmenschelle
B Madenschraube für Masseschluß
D Verbindungsschraube zum Einstellen der Dynamoneigung

Anbringung des Dynamos (mit Rahmenschelle)

Schraubenschlüssel
Schraubenzieher
Zeit: 10 Min.

1. A abschrauben, B fast ganz herausdrehen, C lockern
2. Schelle um das Gabelrohr legen, A und C von Hand andrehen, D lockern
3. Auslöseknopf drücken und Dynamo so zurechtrücken, daß die Reibrolle richtig am Reifen anliegt
4. Bei korrekter Position Schrauben A, C und D mit dem Schraubenzieher festziehen (dabei mit Schraubenschlüssel gegenhalten)
5. Dynamo in Ruhestellung zurückklappen. Schraube B fest andrehen. Sie bohrt sich dabei mit der Spitze durch den Lack der Gabel und stellt den Masseschluß (Massekontakt) zwischen Rahmen und Dynamo her

Kontrolle: Vergleichen Sie die Arbeitsposition des Dynamos mit den Abbildungen.

Die Anbringung des Dynamos an einer angeschweißten Rahmenhalterung ist etwas einfacher, aber im Prinzip gleich.

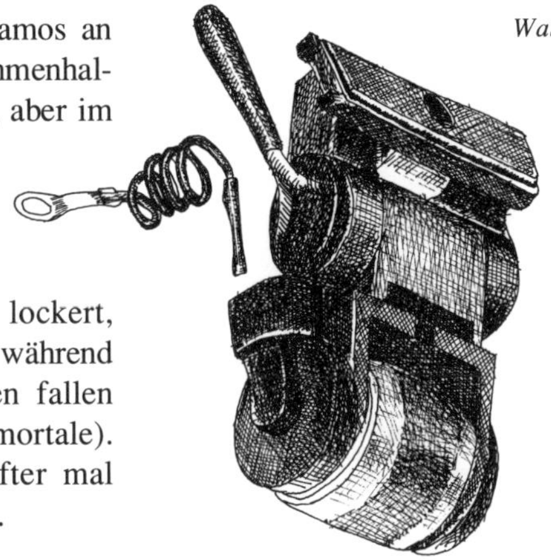

Walzendynamo

Problem: Dynamo lose
Wenn der Dynamo sich lockert, wird es brenzlig - er kann während der Fahrt in die Speichen fallen (Vollbremsung = Salto mortale). Einziges Gegenmittel: öfter mal den festen Sitz überprüfen.

Problem: Reifen einseitig abgefahren oder eingekerbt (auf Dynamoseite)
In der Regel ein deutliches Symptom für die falsche Anbringung des Dynamos. Kontrollieren Sie von vorn und von der Seite, wo die Lichtmaschine falsch läuft.

Problem: Dynamo arbeitet nicht bei Schnee und Schlamm
Fahren Sie bei Wind und Wetter, frühmorgens und spät? Da stößt der Normaldynamo an seine Grenzen. Es gibt vier Möglichkeiten, dieses Problem zu umgehen.

A. **Dynamonabe** „Dynohub" (Sturmey Archer). Sie wird zwar nicht mehr hergestellt, ist aber gelegentlich noch zu bekommen. Der Dynamo ist in die Vorderradnabe integriert und damit von äußeren Einflüssen unabhängig. Die Beleuchtung wird durch einen Schalter angestellt, und erst dann macht sich der Dynamo durch erhöhten Drehwiderstand bemerkbar. Die Dynamonabe war auch mit Schnellspanner lieferbar; außer als Vorderradnabe gab es sie auch mit der Dreigangschaltung kombiniert als Hinterradnabe. Nachteil: Die Lichtausbeute ist spärlich

B. **Rollen- oder Walzendynamo** (Union, Soubitez, Sanyo). Er wird unten am Tretlager montiert und rollt nicht seitlich, sondern auf dem Reifen. Bei Schlechtwetter greift er besser (besonders das Union-Modell), aber der Platz ist dennoch ungünstig. Dieses Mini-Kraftwerk hat nebenbei noch den Vorteil, den Reifen zu schonen

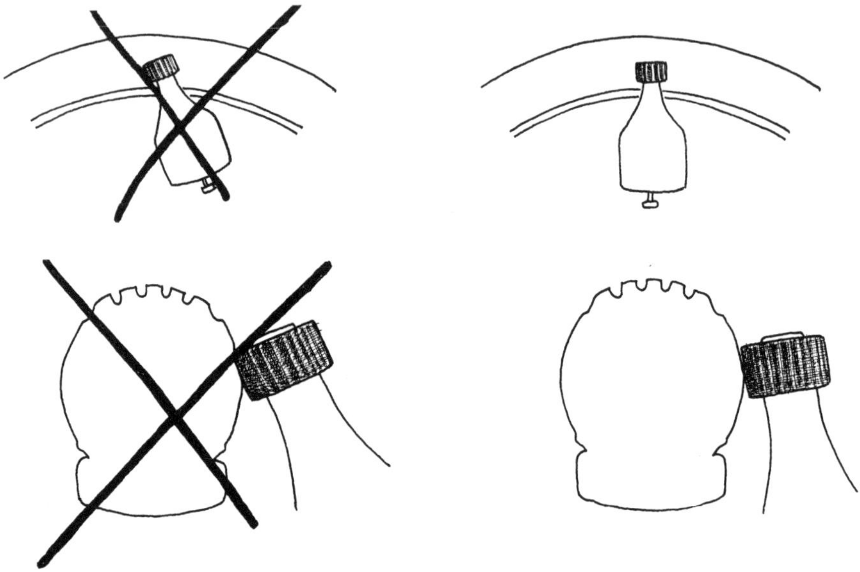

C. **Akku-Standlichtanlage** (Union, ESGE und andere). Hierbei ist die Lichtanlage mit einem wiederaufladbaren Akku kombiniert. Großer Vorteil: Auch im Stand stellen Sie Ihr Licht nicht unter den Scheffel. Wenn der Dynamo rutscht, klappen Sie ihn weg und fahren mit Akku-Strom

D. **Batterielampen**. Außer an Wettkampfrädern bis 11 kg sind Batterieleuchten nur als Zusatzlampen erlaubt. Das macht sie trotzdem zu einem sinnvollen Not-Zubehör. Denken Sie daran, anstelle von Wegwerf-Batterien gleich wiederaufladbare Mini-Akkus zu besorgen!

Scheinwerfer

Wo der Scheinwerfer angebaut ist - ob am Lenker, auf dem Schutzblech, an der Gabel oder direkt am Dynamo, ist egal - Hauptsache, er gießt seine silberweißen Strahlen circa zehn Meter vor Ihnen aufs Pflaster. Wie bekannt, kann die Glühlampe im Scheinwerfer nur leuchten, wenn die Kabelverbindung in Ordnung ist und Massekontakt zum Rahmen besteht.

Scheinwerfer:
1 Reflektor
2 (isolierte) Lampenhalterung mit Kabelanschluß
3 Gehäuse
4 Feder (drückt ans Ende der Glühlampe)
Anmerkung: Bei diesem Modell ist - abweichend von der Beschreibung - der Silberpunkt am Birnenende Masse und das Lampengewinde Plus, das Prinzip bleibt dasselbe

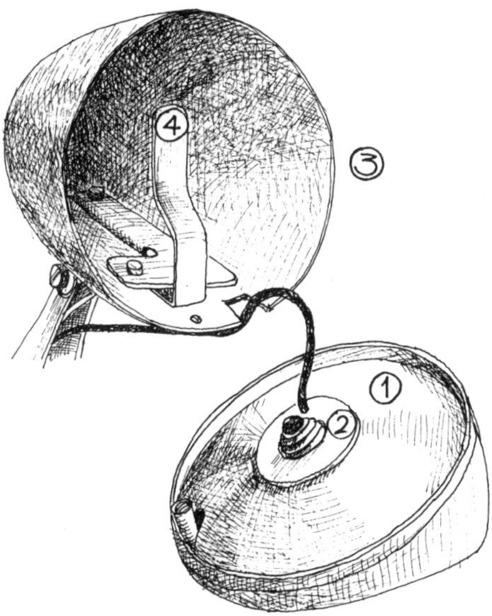

Überprüfung des Scheinwerfers

Das Vorderteil läßt sich von Hand oder mit einem Schraubenzieher öffnen.

1. Hat der Reflektor seinen Glanz verloren oder ist verrostet, ersetzen Sie ihn (wenn's geht, denn bei der heutigen Bauweise sind Ersatzteile kaum zu bekommen). Beim Neukauf gleich einen Halogenstrahler erwerben! Reflektor nie mit den Fingern anfassen.
2. In der Lampenfassung ist die Glühlampe eingeschraubt. Auch bei ihr sehen Sie natürlich nach Pluspol (silbriger Punkt unten an der Lampe) und Masse (Lampengewinde), die beide trocken und rostfrei sein müssen. Die Abbildung zeigt den Verlauf des Pluspols und der Masse. An jeder Verbindungsstelle kann der Rost nisten - also sorgfältig überprüfen!
3. Die Feder ist isoliert im Scheinwerfergehäuse befestigt und mit der Anschlußschraube verbunden. Isoliert deshalb, weil sonst der Strom des Pluskontaktes mit dem Massestrom zusammenfließen würde: Es gäbe Kurzschluß und kein Licht.
4. Die Birne ist dahin, wenn der feine Draht gerissen ist oder wenn das Glas geschwärzt ist.

Masse (Doppelpfeil)

Glühlampengewinde - Lampenfassung - Scheinwerfergehäuse - Rahmenschelle - Rahmen

Pluspol (einfacher Pfeil):
Punkt am Ende des Glühlampengewindes - Kontaktfeder - Anschlußschraube - Kabel - Anschlußschraube des Dynamos

Verkabelung

Das Stromkabel wird circa drei Zentimeter vom Ende abisoliert, die durchsichtige oder farbige Kunststoffhülle entfernt. Man kann das mit einer speziellen Abisolierzange machen, aber ein Küchenmesser tut's notfalls auch. Das blanke Ende zwirbeln Sie zusammen, drehen es zu einem kleinen Ring und ziehen diesen mit der Rändelmutter an der Kontaktschraube des Dynamos fest. Neuere Dynamos haben einen pflegeleichteren Kontakt: Hier drückt man nur eine Feder hinein, steckt das Kabelende in das Löchlein und läßt es durch Loslassen der Feder darin festklemmen.

Bei der konventionellen Kabelführung stehen zwei Alternativen zur Auswahl:

1. Kabel vom Dynamo zum Scheinwerfer und vom Dynamo zum Rücklicht oder
2. Kabel vom Dynamo zum Scheinwerfer und von dort zum Rücklicht. Verlegen Sie das Kabel so, wie es bei Ihrem Velociped am sinnvollsten erscheint. In der Wirkung sind beide Varianten gleich; es sind Parallelschaltungen. Beim Ausfall einer Glühlampe kann die andere weiterleuchten. (Aber nicht lange - sie wird recht schnell durchbrennen).
   Bevor Sie das Kabel nun mit Klebeband am Rahmen festzurren, schlagen Sie den Lenker weit zur einen und dann zur anderen Seite ein, um sicherzugehen, daß das Kabel hier lang genug ist und nicht spannt oder reißt. Bei den meisten Rädern sind übrigens die Kabel in den Rahmenrohren verlegt. Wie sich das auch nachträglich wieder bewerkstelligen läßt, lesen Sie anschließend.

Es gibt Lichtkabel zu kaufen, die an den Enden mit Klemmösen versehen sind. Man spart sich das Abisolieren und kann sie leicht befestigen (aber bitte so um die Kontaktschraube legen, daß sie mit der Rändelmutter fest- und nicht abgeschraubt werden. Andererseits kann man sich genausogut Draht als Meterware kaufen. Der ist einmal wesentlich billiger und außerdem haltbarer - die sogenannten Lichtkabel kann man mit den Händen durchreißen ...

Verkabelung im Rahmen

Voraussetzung für eine Verlegung im Rahmen ist natürlich ein Einsteck- und ein Austrittsloch. Benötigt wird normales Kabel, Durchmesser 0,5-0,75 Millimeter.

1. Tretlager ausbauen
2. Kabellänge überschlägig abmessen: Dynamo - Steuerkopfrohr - Tretlager - Hinterradausfallende - Schutzblechstrebe - Rücklicht. Eine Handspanne Kabellänge hinzugeben
3. Kabelenden abisolieren und zusammenzwirbeln oder mit dem Lötkolben verzinnen
4. Kabelende in das Einsteckloch einführen (meist in der unteren Steuerkopfmuffe) und nachschieben, bis es im Tretlagergehäuse zum Vorschein kommt
5. Kabelende von hier in das Hintergabelrohr einführen, an dessen Ende sich das Kabel-Austrittsloch befindet
6. Kabelende mit spitzer Pinzette herausfummeln
7. Plastik-Schutznippel über beide Kabelenden schieben und in die Löcher eindrücken
8. WICHTIG: Vor dem Einbau des Tretlagers unbedingt eine Schmutzhülse ins Tretlagergehäuse einsetzen (siehe auch Kapitel „Tretlager"). Sie hält das Kabel vom Tretlager fern
9. Kabel zuende verlegen und Tretlager einbauen

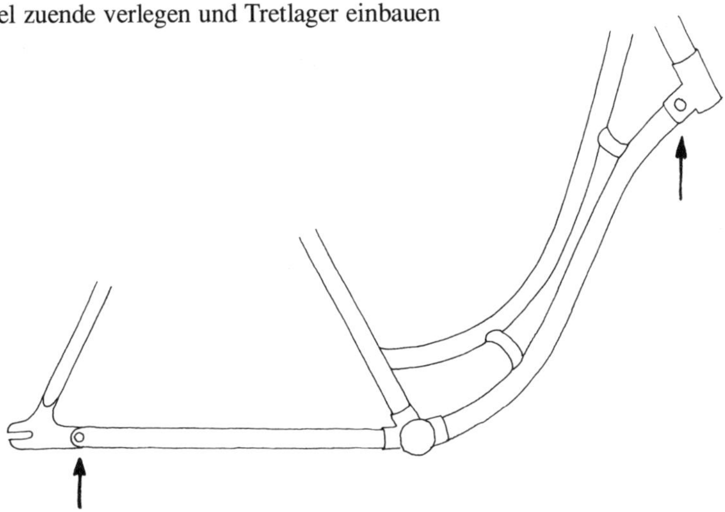

Zur verdeckten Verkabelung müssen Löcher im Rahmen vorhanden sein (oder gebohrt werden)

Elegante Lösung: stromführende Schutzbleche
Wirklich sauber und praktisch lösen Sie alle Kabelprobleme, wenn Sie die Innenverlegung mit leitenden Schutzblechen kombinieren (siehe dort).

Rücklicht
Die meist mit einem Rückstrahler kombinierte rote Schlußleuchte ist entweder an einer Gepäckträgerstrebe befestigt (Rohrschelle) oder am Schutzblech, gelegentlich auch unter dem Sattel oder an der Sattelstütze. Zum Anbau an das Schutzblech muß in der Regel das Hinterrad ausgebaut werden. Beim Anschrauben auf der Schutzblechinnenseite nicht die Unterlegscheibe vergessen!

Weil das Hinterrad den Straßenschlamm hemmungslos gegen das Blech schleudert, fühlt sich der Rost hier ganz zu Hause. Und wenn er sich erst festgesetzt hat, gibt es keinen Massekontakt mehr. Sie schützen die Mutter, indem Sie erstmal die Umgebung säubern und über die festgezogene Mutter (Unterlegscheibe??) einen dicken Klecks Alleskleber laufen lassen.

Fehlersuche bei der Beleuchtung

Licht brennt nicht oder flackert

Nur ein Licht brennt nicht

Überprüfen Sie:

1. Massekontakt der nichtbrennenden Lampe
2. Kabelanschluß dieser Lampe
3. Glühlampe: kaputt? Lampenfassung korrodiert?
4. Kabel auf dem Weg zu der nichtbrennenden Lampe

Kein Licht brennt

A. Dynamo-Reibrolle dreht nicht mit

1. Reibrolle drückt nicht an den Reifen: Schelle neu befestigen
2. Reibrolle drückt an den Reifen: bei abgeschliffener Reibrolle eine neue Kappe aufsetzen. Bei unversehrter Reibrolle versuchen, den Dynamo mit Öl wieder gängig zu machen

B. Dynamo-Reibrolle dreht mit

1. Dynamo hat keine Masse: Schelle schmirgeln oder abkratzen, ebenso den Rahmen an der Stelle, wo die Masseschraube auftrifft. Masseschraube säubern und fest einschrauben

2. Dynamo hat Masse
   - Kabel lose oder rostig: entrosten, eventuell neu abisolieren, anschließen, versiegeln
   - Kabel gerissen: Ende abisolieren, zusammendrehen, mit Isolierband o. Klebeband isolieren. Oder: neues Kabel
   - Kabelkontakte an den Lampen lose oder verrostet: siehe oben
   - Massekontakte an Lampen korrodiert: blankmachen
   - Birnen kaputt: neue einschrauben

Fehler immer noch nicht gefunden? Dann fahren Sie nicht mehr bei Dunkelheit...

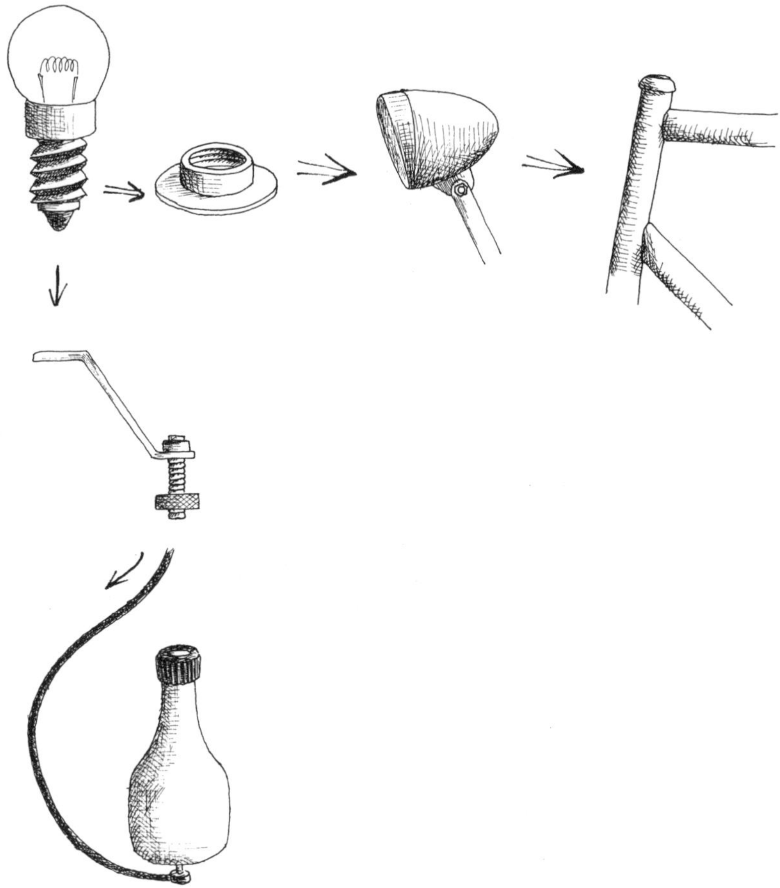

Zubehör

Schlösser

Was tun gegen Draisinenhaie? Das Rad abschließen. Womit?

1. Speichenschloß

Angebautes Schloß, blockiert als Ring- oder Riegelschloß das Hinterrad. Wird von Fahrradfirmen mit großartiger Geste mitgeliefert, aber der Nutzen ist begrenzt: Gibt meistens schon den Geist auf, wenn man es scharf ansieht.

2. Kabel- oder Kettenschloß

Prinzipiell schon besser, denn damit können Sie das Rad an einen Laternenpfahl, Zaun oder an das Bein eines Schutzmannes anschließen. Das Kabel wird dazu am besten durch Rahmen und Hinterrad geführt. In den USA sieht man häufig, daß Leute ihr Vorderrad flink ausbauen (Schnellspanner) und mit anketten; bei uns scheinen Vorderradsammler noch selten zu sein. Unter dieser Art Schlösser gibt es große Auswahl:

- Kastenschloß aus dünnem Drahtseil mit einem Schloßkasten aus Blech. Letzterer ist nach fünf deftigen Hammerschlägen dahin
- Zylinderschloß, je nach Qualität schon erheblich stabiler
- Zahlenschloß, bei dem man keinen Schlüssel verlieren, aber die Nummer vergessen kann. Sensible Fahrradklauer kriegen es nach Gefühl und Gehör auf. Unter billigen Kombinationsschlössern derselben Firma findet man häufig dieselbe Kombination
- Spiralschloß, bei dem sich das Kabel von selbst aufrollt und nicht herumhängt.
- Vorhängeschloß mit stabiler Kette, die durch Plastikschlauch geschützt ist. Sehr sicher, aber ziemlich schwer. So ein Teil können Sie individuell zusammenstellen: ein solides Vorhängeschloß, eine dicke Stahlkette ganz nach Ihrem Geschmack. Ziehen Sie ein Stück Plastikschlauch drüber oder einen alten Fahrradschlauch. Und wenn Sie zu den notorischen Schlüsselverlierern gehören, lassen Sie gleich ein Dutzend Ersatzschlüssel machen.

3. Bügelschloß

Die optimale Lösung. Gute Bügelschlösser aus gehärtetem Stahl sind nicht zu knacken. Mit einer passenden Rahmenhalterung lassen sie sich auch gut unterbringen.

Bügelschloß mit Rahmenhalterung

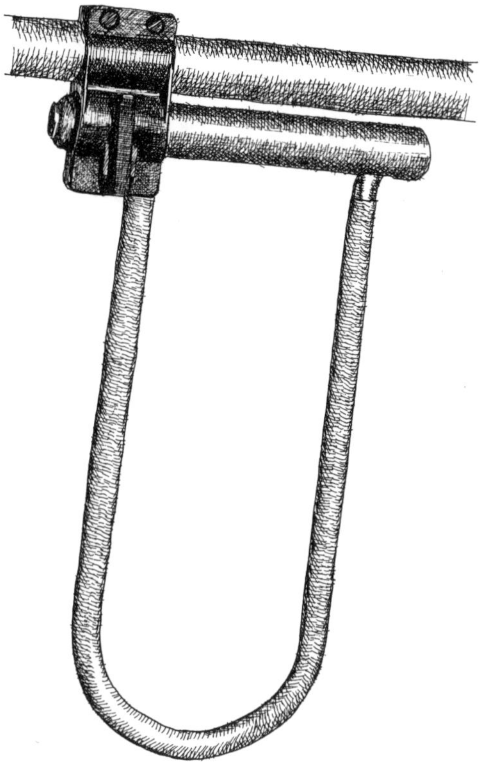

Fahrradständer

Außer bei einem Dreirad dürfte eine Stütze ganz nützlich sein - nicht nur zum Abstellen, auch für einige Reparaturarbeiten. Aber auch hier gibt es Konstruktionen, die eher in eine Folterkammer gehörten als an ein Fahrrad. Gehen wir systematisch vor.

Zunächst die wirklich kippsicheren Ständer.. Damit meine ich die zweibeinigen Stützen, von denen es wiederum drei Variationen gibt.

1. Der klassische Holland-Ständer, der auf Höhe der Hinterradnabe befestigt ist. Hochgeklappt befindet er sich oben am Gepäckträger. Sehr standfest,

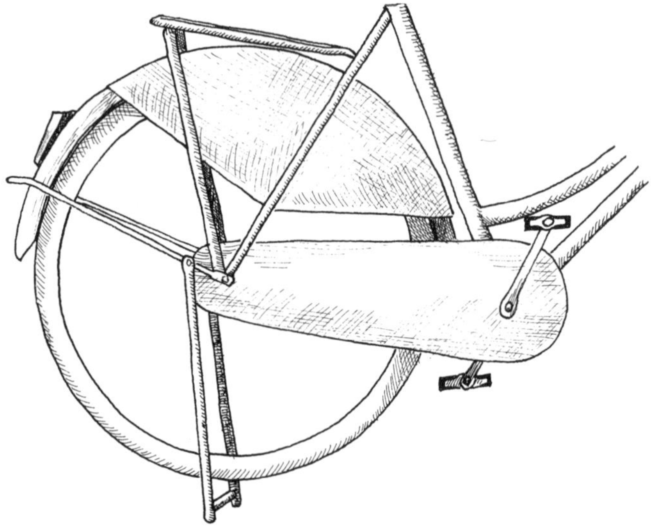

So wird ein Hollandrad aufgebockt

allerdings habe ich noch keine Firma gefunden, bei der man ihn solo bekommen kann.

2. Der Raleigh-Ständer, der wie fast alle anderen hinter dem Tretlager angebracht wird, hat zwei Füße, die sich beim Aufbocken spreizen und sicheren Stand versprechen.
3. Der asymmetrisch gebaute ESGE-Ständer, der sich beim Einklappen raumsparend wegfaltet und beim Ausklappen ein solides Zweibein bildet.

Nun zu einbeinigen Fahrradstützen.

1. Hinterachs-Ständer (Minoura, Mighty Seven und Nachbauten). Wird links an der Hinterbaustrebe angebracht und an der Sattelstrebe verankert, stützt das Velo auf Höhe der Hinterachse ab. Außer bei viel Gepäck eine sichere Angelegenheit.
2. Ständer mit Anbringung hinter der Tretlagermuffe. Sie sind in massiver Ausführung erhältlich und hohl. Diese Ständer sind die billigsten und taugen auch am wenigsten.

Einbeinständer

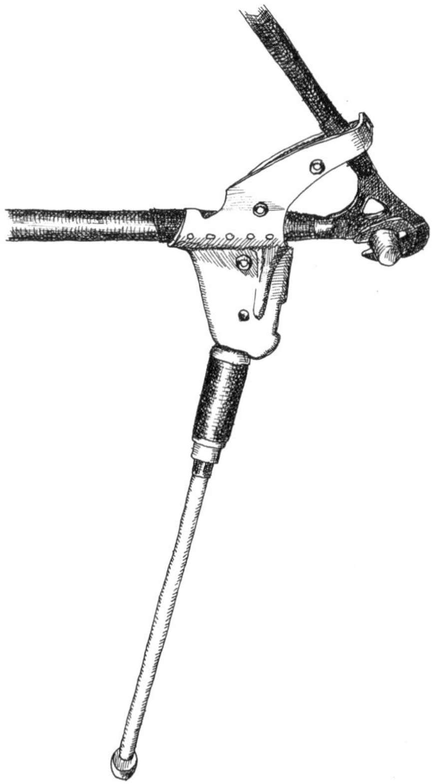

Gepäckträger

Wichtig für alle außer den Rennfahrern, denn man kann jemand darauf mitnehmen, Blumenkästen draufmontieren, einen Armvoll Brennholz oder eine Diplomatenkoffer oder eine Kiste Bier oder ein Butterbrot darauf festklemmen...

Als Tourenradfahrer mit viel oder schwerem Gepäck werden Sie Spezialträger montieren. Sie haben keinen Klemmbügel, denn die Packtaschen brauchen nur eingehakt zu werden. An diesen Trägern fallen keine Reparaturen an. Wir befassen uns hier nur mit konventionellen Gepäckträgern. Bei billigen Ausführungen ist der ganze Trägerrahmen aus einem Stück Rohr zusammengebogen. Die besseren Fabrikate haben separat angebrachte bewegliche

Stützen. Weiterhin unterscheiden sich die Gepäckträger in der Anbringungsweise:

Entweder sind die Stützen am Ende mit großen Bohrungen versehen und werden durch die Radmuttern auf der Achse gehalten, oder sie haben kleine Bohrungen und werden mit Schraube und Mutter in dafür vorgesehenen kleinen Löchern an den Ausfallenden angebracht.

An der Oberseite sind sie an den hinteren Doppelrohren des Rahmens befestigt, und zwar mit einer Schelle, die vom Rahmen unabhängig ist, oder an einem Blech, das zu diesem Zweck an den Rahmen geschweißt wurde. Schließlich gibt es auch die Befestigung mit dem Sattelklemmbolzen.

Problem: Gepäckträgerspange (Bügel) ausgeleiert

1. Seitliche Federbügel abheben
2. Federzunge nach oben halten, beide Federbügel kräftig nach unten drücken
3. Federbügel wieder einhaken

Während ich das gerade nochmal ausprobiere, fällt mir ein: Das Aushaken und Zurechtbiegen macht man am besten erst mit dem einen, dann mit dem anderen Federbügel, dann braucht man die Federzunge nicht hochzuhalten.

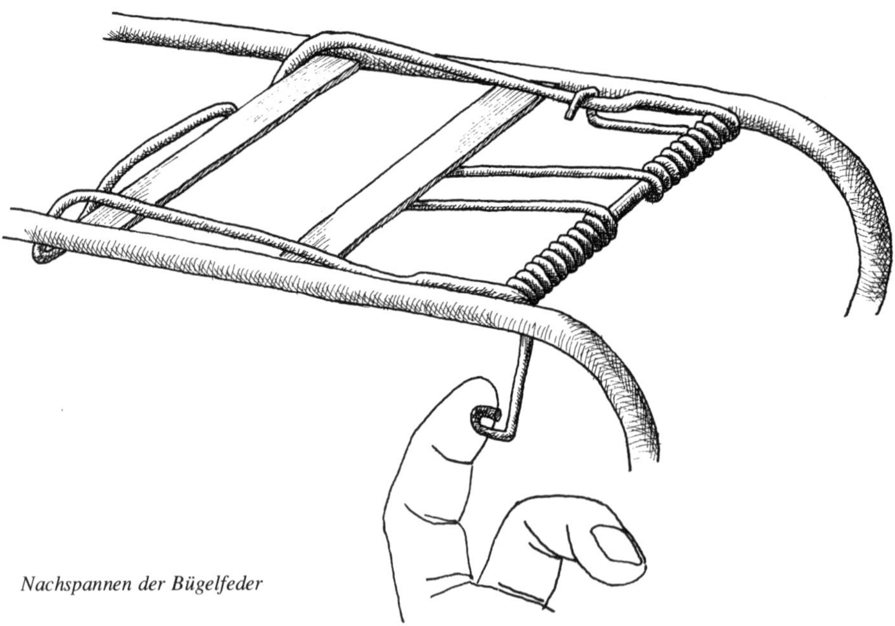

Nachspannen der Bügelfeder

Kettenschutz

An Touren- und Cityrädern gehört er einfach dazu. Und das nicht nur, weil die Kette bei Schlechtwetterfahrten heftig mit Schlamm um sich wirft.

Wem schon einmal bei Volldampf voraus das Hosenbein in die Kette geraten ist, weiß, was ich meine. Das kann zu üblen Stürzen führen, weil einem das rechte Bein von der Pedale gezogen wird und man mit dem linken Fuß allein nur noch schwer treten kann. Da hilft nur: cool bleiben und geradeaus lenken. Versuchen, die linke Pedale ganz im Kreis durchzutreten, so daß das eingeklemmte rechte Hosenbein um den Zahnkranz mitgenommen wird und dann (perforiert, als Punk-Hose) wieder freikommt.

Einen Kettenschutz würde ich nach folgenden Gesichtspunkten aussuchen:

* wirksamer Schutz vor der Kette (je länger, desto besser, denn an einem zu kurzen kann Hose oder Schal hängenbleiben).
* keine scharfen Kanten
* leicht zu montieren und zu demontieren

Der normale Kettenschutz ist an zwei Stellen mit dem Rahmen verbunden, meistens an angelöteten Stegen.

Bei verstellbar angebrachten Kettenschutzblechen befestigt man die Rohrschellen anfangs nur locker, damit die Stellung noch korrigiert werden kann. Bei einer Proberunde vergewissert man sich, daß die Kette nicht am Kettenschutz anschlägt und schraubt diesen anschließend fest.

Der geschlossene Kettenschutz ist ein Merkmal traditioneller Hollandräder. Ob er wirklich so praktisch ist, weiß ich nicht. Vor allem soll das geschlossene Gehäuse die Kette schützen, denn für die Hosenbeine reicht auch der lange normale Kettenschutz. Offenbar kommt aber trotzdem Sand hinein (und bleibt dann mit Sicherheit drin). Der häufig angebotene Vollkettenschutz aus Plastik schirmt dagegen nur die Außenseite ab. Er ist einfach zu montieren und läßt die Hinterradnabe frei - günstig für Reparaturen. Anders der original holländische Kettenschutz aus Moleskin oder Wachstuch. Er schließt die Hinterradnabe ein und ist, so nett er auch aussieht, ein ganz vertracktes Ding, wenn man an Kette und Hinterrad herumfummeln muß.

Hinterradausbau bei Hollandkettenschutz

Schraubenschlüssel
Zange
Zeit: 20 Min.

1. Rad auf Sattel und Lenker stellen

2. Druckknopf öffnen, Verschlußdraht herausziehen
3. Rohrschelle des Bremsarms lösen (siehe „Hinterradnabe")
4. Bei Nabengangschaltung: Einstellhülse abschrauben
5. Radmuttern und Kettenspannermutter abschrauben
6. Kettenschutzhülle nach hinten herunterziehen. VORSICHT: Das Ende ist meist in einen Dorn des Kettenschutzrahmens eingehakt; nicht abreißen!
7. Kleine Schraube, die die Kettenschutz-Rahmenbleche mit der Halterung verbindet, herausschrauben (Zange). Es handelt sich um eine Karosserieschraube. Sie hat ein grobes Gewinde, läuft spitz zu wie eine Holzschraube und braucht keine Mutter zum Gegenhalten
8. Oberes Rahmenblech aushaken (das Blech, das jetzt oben ist - wenn das Fahrrad richtig herum steht, ist es das untere Blech)
9. Hinterrad ganz nach vorn schieben
10. Kette abheben, Hinterrad herausnehmen

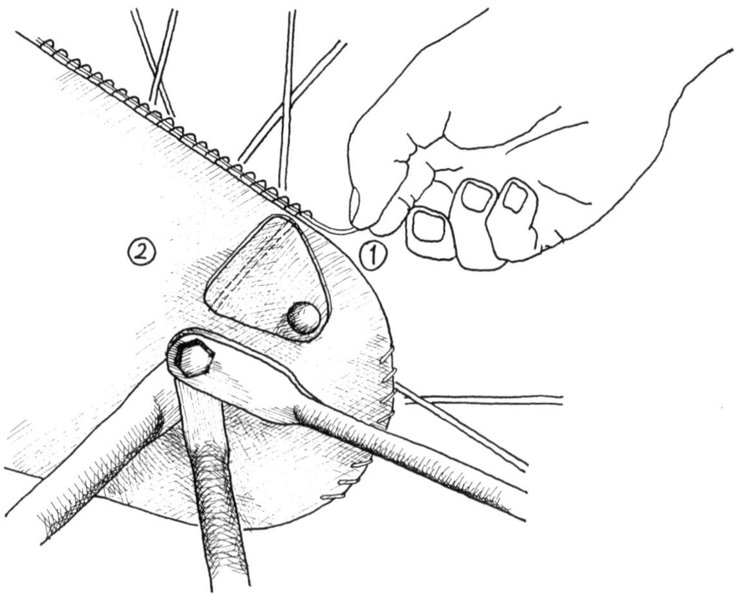

Ausbau des Holland-Kettenschutzes (Rad steht auf dem Kopf):
1 Verschlußdraht
2 Lasche mit Druckknopf

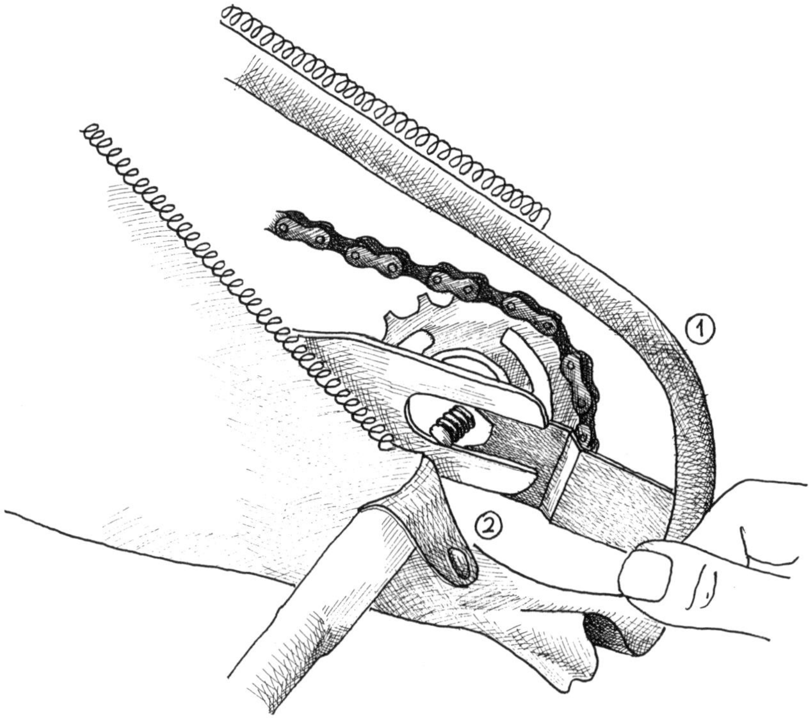

Zweiter Schritt: 1 Kettenschutzrahmen, 2 Lasche mit Druckknopf

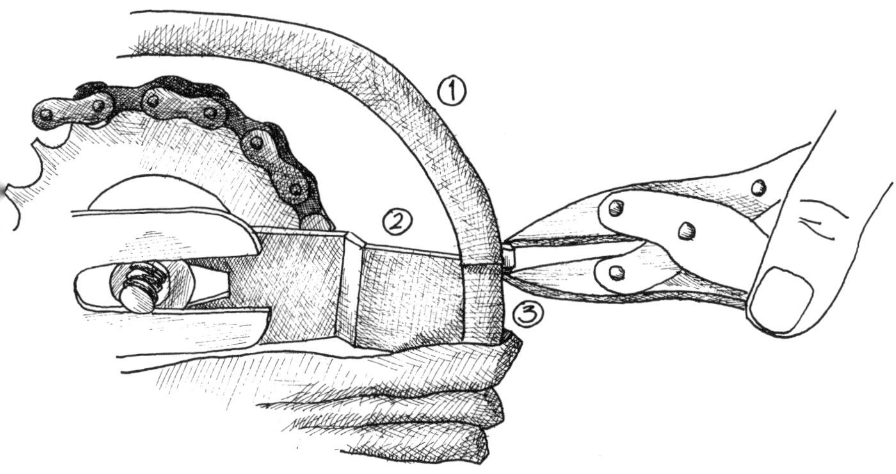

Dritter Schritt: 1 oberes Rahmenblech, 2 Halterung, 3 unteres Rahmenblech

Einbau
erfolgt in umgekehrter Reihenfolge. Verschlußdraht vor dem Einführen leicht schmirgeln und einölen. Wenn Sie die beiden Verschlußspiralen gleich zu Anfang richtig ineinanderhalten, bereitet das Einschieben des Verschlußdrahtes keine Schwierigkeiten.

Wie schon beim „Reifenflick" angesprochen, läßt sich der Reifen mittels einer Aufspreizzange auch ohne Demontage des Hinterrades entfernen. Der Vollkettenschutz von Raleigh läßt sich für Reparaturen übrigens leichter öffnen.

Mantel- oder Rockschoner
am Hinterrad gehören zu den Sicherheitsmaßnahmen. Sie sollen wehende Kutten von den Speichen fernhalten. Sie kennen diese Kleidernetze aus bunt umsponnenen Gummibändern, die immer so schnell kaputtgehen und in denen sich mancherlei verhakt. Ehe Sie eins kaufen, vergewissern Sie sich, ob im Schutzblech die nötigen Löcher vorhanden sind. Zur Montage wird der Drahtring auf die Hinterradnabe geschoben und mit der Radmutter befestigt. Die Gummibänder werden mit Drahthäkchen in die Löcher des Schutzblechs eingeklinkt.

Solider sind Rockschoner aus Plastik, wie man sie an Hollandrädern sieht. Sie sind mit zwei Spangen und einer Drahtklammer angebracht und lassen sich in Nullkommanichts an- und abbauen.

Schutzbleche

Bei Regen und Schmuddelwetter reißen die Räder den Straßenschlamm im Kreis herum, um ihn abschließend als schwarze Sommersprossen auf Ihrem Antlitz zu verteilen. Rennradler und Mountain Biker legen Wert auf Leichtgewicht und Ästhetik; ihre Boliden haben deswegen serienmäßig keine Bleche. Man behilft sich mit Steckblechen aus Kunststoff. Beschäftigen wir uns jetzt mit Schutzblechen für Durchschnittsfahrer.

Es gibt sie aus Stahl, Leichtmetall, Plastik - lackiert, poliert, verchromt, verkratzt usw. Die Anbringung ist aber ziemlich einheitlich. Das heißt leider noch nicht, daß die Montage/Demontage einfach wäre. Naturgemäß sind alle Schrauben an der Innenseite der Schutzbleche von dauerhaften Dreckkrusten bedeckt und rosten sehr schnell. Deshalb vor der Demontage

- Dreck abkratzen
- Rostlöser drauf

– Pause machen
– fest gegenhalten und
– mit genau passendem Schlüssel abschrauben (schwierig, das in der Innenseite der Bleche hinzukriegen)

Vorderradschutzblech

Anbringung:

1. Angenieteter Blechwinkel, der am Bremsbolzen aufgehängt ist
2. Streben mit Bohrung oder mit gebogener Öse; werden auf Vorderradnabe aufgesteckt und durch Radmuttern festgehalten oder...
3. Drahtstreben mit geraden Enden. Werden mit Inbus-Klemmschrauben gehalten, die neben den Ausfallenden angebracht sind oder
4. Kombinationen aus 2. und 3.

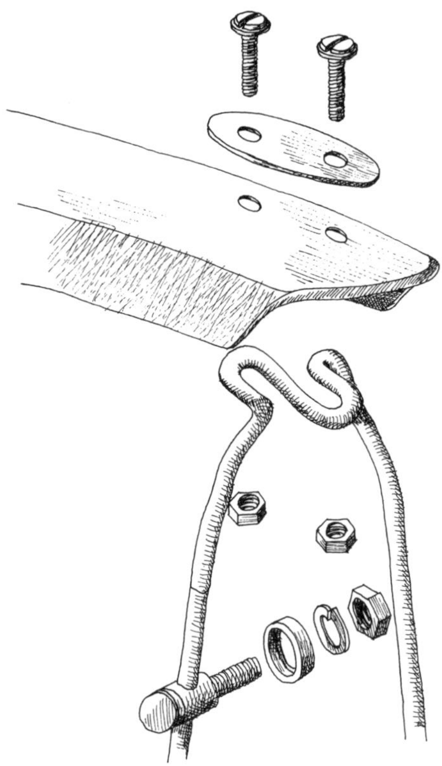

Befestigung des Vorderradschutzblechs

Ausbau des Vorderradschutzblechs

Schraubenschlüssel
(Inbusschlüssel)
Schraubenzieher
Zeit: 8 Min.

1. Haltemutter vom Bremsbolzen lösen
2. Radmuttern abnehmen beziehungsweise Klemmschrauben lösen oder Haltemuttern abdrehen
3. Unter Umständen muß vorher das Vorderrad ausgebaut werden. Schutzblech zum Herausnehmen/Einsetzen seitlich verkanten

Hinterradschutzblech

Anbringung:

1. Befestigung mit Schraube nahe der Tretlagermuffe
2. Befestigung mit Schraube an den Hinterstreben des Rahmens
3. wie Vorderradschutzblech Nr. 2 und Nr. 3

Beim Ausbau macht die Halteschraube, die das Blech in der Nähe des Tretlagers hält, meistens Ärger. Notfalls abmeißeln und neue besorgen - beim Meißeln aber Obacht geben, daß nicht das Schutzblech selbst beschädigt wird.

Pfiffig: Schutzbleche mit Stromleitung

Wer hätte sich nicht schon über abgerissene Stromkabel geärgert? Nehmen Sie doch Plastik-Schutzbleche mit integrierten und isolierten Leitflächen. An den Enden befinden sich Mini-Steckdosen für die Kabelenden.

Generalüberholung

Zeit: ca. 3 Tage

Sollten Sie zu den glücklichen gehören, die von Onkel Z. aus Bl. oder Großtante Ü. aus Ö. ein altes Velociped (Tretmobil mit Kniezündung) geschenkt bekommen oder gar eins aus dem Sperrmüll gerettet haben? Bei einem schönen Oldtimer empfiehlt sich eine gründliche Überholung, die erstens wahrscheinlich dringend notwendig ist, zweitens Spaß macht und Ihnen drittens ein fast neuwertiges Rad in die Hände gibt. Viele neue Sporträder können es an Stabilität nicht mit den alten Tourentretern aufnehmen. Außerdem haben diese archaischen Fahrzeuge noch Charakter ... Also nutzen Sie die Chance:

Demontieren

1. Räder, Schutzbleche, Gepäckträger, Bremsen, Sattel, Lenker, Beleuchtung, Ständer abbauen
2. Kurbeln und Pedale abmontieren, Tretlager herausnehmen, Steuersatz und Gabel entfernen

(Das Auseinandernehmen geht ja meistens schnell ...)

Vor dem Lackieren:

1. alle rostigen Stellen mit Schmirgelpapier Körnung 80 bis auf's blanke Metall abschleifen oder
2. wenn der Rahmen völlig verrostet ist, ihn ganz und gar abschleifen. Mit einem Heimwerker mit Schleifscheibe dauert das etwa eine Stunde und 8 Schmirgelscheiben. Es dürfen auch keine Fett- oder Ölreste mehr vorhanden sein.
3. Genauso auch Schutzbleche, Gepäckträger und Gabel behandeln

Die Radikallösung kostet ein paar Mark, ist aber sehr gründlich und macht Ihnen keine Arbeit: in einer Lackierwerkstatt sandstrahlen lassen.

4. Lackieren und trocknen lassen - bis der Lack auch wirklich trocken ist! Ungeduld hat ärgerliche Folgen, und die ganze Pinselei war für die Katz.

Profimäßig können Sie den Rahmen auch mit einer Einbrennlackierung (Emaillierung) versehen lassen.

5. Es sieht sehr gut aus, die Muffen andersfarbig zu lackieren
6. Steuersatz und Tretlager überprüfen und, wenn notwendig, Teile ersetzen. Ebenso bei Pedalen, Vorder- und Hinterrad die Lager untersuchen und das Spiel neu einstellen.
7. Bei Bedarf Kettenrad, Ritzel und Kette erneuern (aber nicht nur ein einziges der drei Teile!)
8. Bremse überprüfen, neue Bremsklötze, zentrieren
9. Reifen checken: Profil? Seitlich abgefahren oder brüchig? Felgenband vorhanden? Vergessen Sie das Talkum nicht bei der Montage. Falls noch nicht vorhanden, sollte man jetzt Blitzventile einsetzen.
10. Radlauf kontrollieren - eiert das Rad? Speichen nachziehen
11. Bei völlig verrosteten Felgen und Speichen wäre zu überlegen, ob nicht das Geld für neue Räder lohnender ist als dauerndes Nachspannen und Reifenflicken (Rost zermahlt den Schlauch und verursacht später ein Loch nach dem anderen).

Fertig? Hätten Sie gedacht, daß es jemals wieder so schön aussehen könnte?